梅兰竹菊谱

（宋）范成大　（宋）王贵学　（南朝宋）戴凯之·撰

中华书局

·绿·窗·红·袖·

前　言

韦庄《菩萨蛮·红楼别夜堪惆怅》有"劝我早归家，绿窗人似花"的句子，绿窗代称女子居所；"红袖添香夜读书"是无数书生才子的绮丽清梦，红袖自然是美女的代称。然而我们这套"绿窗红袖"无涉情感，只关注女性的才思学养，关注女性对美超乎寻常的感悟力和创造力。

"懒起画蛾眉，弄妆梳洗迟。照花前后镜，花面交相映。"女子不必生来惊艳，但应仪态得体，妆容精致。明代胡文焕的《香奁润色》就是专为女子美饰写的一本书，主要辑录了美容、美发、驻颜、香身等各种古方，"聊为香奁之一助"。

"白玉堂前一树梅，今朝忽见数花开。"花中四君子梅兰竹菊因其傲、幽、坚、淡的品性自古以来就受到文人幽士、才女名媛的钟爱。宋范成大等人撰写的《梅兰竹菊谱》便向我们展示了古人如何在与"四君子"的亲密相处和精神交流中悟到了生命之流的本质，在培梅艺兰、植竹赏菊中体验审美的存在。

"桂栋兮兰橑，辛夷楣兮药房。"从《楚辞》时代，花枝香草就已经被用来装饰屋栋、门楣和门庭了。汉

以后兴起的器皿插花则进一步把自然的生机和意趣引入室内。明朝高濂的《瓶花三说》初建插花艺术研究体系，它的经验是日常生活审美化的绝佳范例。紧随其后的张谦德的《瓶花谱》、袁宏道的《瓶史》，先后进行了理论提升，成为中国古典插花艺术典籍的双璧。三者在因循承续中各有千秋。

"花随玉指添春色，鸟逐金针长羽毛。"刺绣被认为是"闺阁中之翰墨"，出色的绣品完全可以"与才人笔墨、名手丹青同臻其妙"。然而古来善女红者众，为绣做谱者却罕有其人，因而《绣谱》和《雪宦绣谱》的撰刊就显得意义重大，弥足珍贵。清朝丁佩撰写的《绣谱》是我国最早的一部刺绣专著，理论上借鉴了古代绘画、书法要领，对刺绣的工艺特点、针法等进行了研究。《绣谱》侧重讨论"艺"的一面，而晚清沈寿口述、张謇整理的《雪宦绣谱》则更重视对"技"的总结，详细叙述了刺绣的用具、工序及针法的运用要领等。

优雅是唯一不会褪色的美。将日常生活审美化，生活形态清雅化，优游沉浸其中，自能释放生活的窘态，提升优雅的能力。

中华书局编辑部

2020 年 11 月

目 录

梅谱

序

　　梅，天下尤物，无问智贤、愚不肖，莫敢有异议。学圃之士，必先种梅，且不厌多，他花有无多少，皆不系重轻。余于石湖玉雪坡，既有梅数百本，比年又于舍南买王氏僦舍七十楹，尽拆除之，治为范村，以其地三分之一与梅。吴下栽梅特盛，其品不一，今始尽得之，随所得为之谱，以遗好事者。

梅谱

　　江梅。遗核野生，不经栽接者。又名直脚梅，或谓之野梅。凡山间水滨，荒寒清绝之趣，皆此本也。花稍小而疏瘦有韵，香最清，实小而硬。

早梅。花胜直脚梅。吴中春晚，二月始烂熳，独此品于冬至前已开，故得早名。钱塘湖上亦有一种，尤开早。余尝重阳日亲折之，有"横枝对菊开"之句。行都卖花者争先为奇，冬初折未开枝置浴室中，薰蒸令拆，强名早梅，终琐碎无香。余顷守桂林，立春梅已过，元夕则尝青子，皆非风土之正。杜子美诗云："梅蕊腊前破，梅花年后多。"惟冬春之交，正是花时耳。

官城梅。吴下圃人以直脚梅择他本花肥实美者接之，花遂敷腴，实亦佳，可入煎造。唐人所称官梅，止谓在官府园圃中，非此官城梅也。

消梅。花与江梅、官城梅相似。其实圆小松脆，多液无滓。多液则不耐日干，故不入煎造，亦不宜熟，惟堪青啖。北梨亦有一种轻松者，名消梨，与此同意。

古梅。会稽最多，四明、吴兴亦间有之。其枝樛曲万状，苍藓鳞皴，封满花身。又有苔须垂于枝间，或长数寸，风至，绿丝飘飘可玩。初谓古木久历风日致然。详考会稽所产，虽小株亦有苔痕，盖别是一种，非必古木。余尝从会稽移植十本，一年后花虽盛发，苔皆剥落殆尽。其自湖之武康所得者，即不变移。风土不相宜，会稽隔一江，湖、苏接壤，故土宜或异同也。凡古梅多苔者，封固花叶之眼，惟罅隙间始能发花。花虽稀，而气之所钟，丰腴妙绝。苔剥落者则花发仍多，与常梅同。

去成都二十里有卧梅，偃蹇十余丈，相传唐物也，谓之梅龙，好事者载酒游之。清江酒家有大梅如数间屋，傍枝四垂，周遭可罗坐数十人。任子严运使买得，作凌风阁临之，因遂进筑大圃，谓之"盘园"。余生平所见梅之奇古者，惟此两处为冠。随笔记之，附古梅后。

重叶梅。花头甚丰，叶重数层，盛开如小白莲，梅中之奇品。花房独出，而结实多双，尤为瑰异。极梅之变，化工无余巧矣，近年方见之。蜀海棠有重叶者，名莲花海棠，为天下第一，可与此梅作对。

绿萼梅。凡梅花跗蒂，皆绛紫色，惟此纯绿，枝梗亦青，特为清高。好事者比之九疑仙人萼绿华。京师艮岳有萼绿华堂，其下专植此本，人间亦不多有，为时所贵重。吴下又有一种，萼亦微绿，四边犹浅绛，亦自难得。

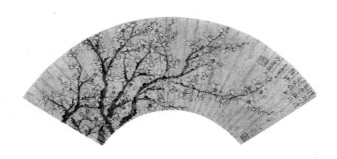

百叶缃梅。亦名黄香梅，亦名千叶香梅。花叶至二十余瓣，心色微黄，花头差小而繁密，别有一种芳香。比常梅尤称美，不结实。

红梅。粉红色。标格犹是梅，而繁密则如杏，香亦类杏。诗人有"北人全未识，浑作杏花看"之句。与江梅同开，红白相映，园林初春绝景也。梅圣俞诗云："认桃无绿叶，辨杏有青枝。"当时以为著题。东坡诗云："诗老不知梅格在，更看绿叶与青枝。"盖谓其不韵，为红梅解嘲云。

承平时，此花独盛于姑苏，晏元献公始移植西冈圃中。一日，贵游赂园吏，得一枝分接，由是都下有二本。尝与客饮花下，赋诗云："若更开迟三二月，北人应作杏花看。"客曰："公诗固佳，待北俗何浅耶！"晏笑曰："伧父安得不然。"王琪君玉，时守吴郡，闻盗花种事，以诗遗公，曰："馆娃宫北发精神，粉瘦琼寒露蕊新。园吏无端偷折去，凤城从此有双身。"当时罕得如此。比年展转移接，殆不可胜数矣。世传吴下红梅诗甚多，惟方子通一篇绝唱，有"紫府与丹来换骨，春风吹酒上凝脂"之句。

鸳鸯梅。多叶红梅也。花轻盈，重叶数层。凡双果必并蒂，惟此一蒂而结双梅，亦尤物。

杏梅。花比红梅色微淡，结实甚匾，有斓斑色，全似杏，味不及红梅。

蜡梅。本非梅类，以其与梅同时，香又相近，色酷似蜜脾，故名蜡梅。凡三种：以子种出，不经接，花小，香淡，其品最下，俗谓之狗蝇梅；经接，花疏，虽盛开，花常半含，名磬口梅，言似僧磬之口也；最先开，色深黄，如紫檀，花密香秾，名檀香梅，此品最佳。蜡梅香极清芳，殆过梅香，初不以形状贵也，故难题咏，山谷、简斋但作五言小诗而已。此花多宿叶，结实如垂铃，尖长寸余，又如大桃奴，子在其中。

后序

梅以韵胜，以格高，故以横斜疏瘦与老枝怪奇者为贵。其新接稚木，一岁抽嫩枝直上，或三四尺，如酴醾、蔷薇辈者，吴下谓之气条。此直宜取实规利，无所谓韵与格矣。又有一种粪壤力胜者，于条上茁短横枝，状如棘针，花密缀之，亦非高品。近世始画墨梅，江西有杨补之者尤有名，其徒仿之者实繁。观杨氏画，大略皆气条耳。虽笔法奇峭，去梅实远。惟廉宣仲所作，差有风致，世鲜有评之者，余故附之谱后。

王氏兰谱

序

窗前有草，濂溪周先生盖达其生意，是格物而非玩物。予及友龙江王进叔，整暇于六籍书史之余，品藻百物，封植兰蕙，设客难而主其谱。撷英于干叶香色之殊，得韵于耳目口鼻之表，非体兰之生意不能也。所禀既异，所养又充。进叔资学亦如斯兰，野而岩谷，家而庭阶，国有台省，随所置之，其房无致。夫草可以会仁意，兰岂一草云乎哉？君子养德，于是乎在。淳祐丁未孟春戊戌蒲阳叶大有序。

万物皆天地委形。其物之形而秀者，又天地之委和也。和气所钟，为圣为贤，为景星，为凤凰，为芝草，草有兰亦然。世称"三友"，挺挺花卉中，竹有节而啬花，梅有花而啬叶，松有叶而啬香，惟兰独并有之。兰，君子也。餐霞饮露，孤竹之清标；劲柯端茎，汾阳之清节；清香淑质，灵均之洁操。韵而幽，妍而淡，曾不与西施、何郎等伍，以天地和气委之也。

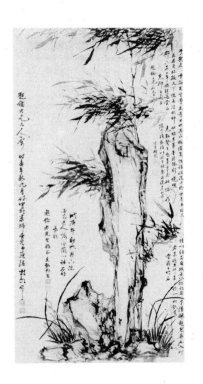

予嗜焉成癖，志几之暇，具于心，服于身，复于声誉之间，搜求五十品，随其性质植之。客有谓予曰："此身本无物，子何取以自累？"予应之曰："天壤间万物皆寄尔。耳，声之寄；目，色之寄；鼻，臭之寄；口，味之寄。有耳目口鼻而欲绝夫声色臭味，则天地万物将无所寓其寄矣。若总其所以寄我者而为我有，又安知其不我累耶？"客曰："然。"遂谱之。淳祐丁未龙江王贵学进叔敬书。

品第之等

涪翁曰:"楚人滋兰九畹,植蕙百亩。兰少故贵,蕙多故贱。"予按:《本草》:"薰草,亦名蕙草,叶曰蕙,根曰薰。"十二亩为畹,百亩自是相等。若以一干数花而蕙贱之,非也。今均目曰兰。

天下深山穷谷，非无幽兰。生于漳者，既盛且馥，其色有深紫、淡紫、真红、淡红、黄白、碧绿、鱼魫、金钱之异。就中品第，紫兰：陈为甲，吴、潘次之，如赵，如何，如大小张、淳监粮、赵长泰<small>峡州邑名</small>，紫兰景初以下又其次，而金棱边为紫袍奇品。白兰：灶山为甲，施花、惠知客次之，如李，如马，如郑，如济老、十九蕊、黄八兄、周染以下又其次，而鱼魫兰为白花奇品。其本不同如此，或得其人，或得其名，其所产之异，其名又不同如此。

灌溉之候

涪翁曰:"兰蕙丛生,莳以沙石则茂,沃以汤茗则芳。"予于诸兰,非爱之大,悉使之硕而茂,密而蕃,莳沃以时而已。一阳生于子,根荄正稚,受肥尚浅,其浇宜薄。南薰时来,沙土正渍,嚼肥滋多,其浇宜厚。秋七八月预防冰霜,又以灌鱼肉水或秽腐水,停久反清,然后浇之。人力所至,盖不萌者寡矣。

分拆之法

予于分兰次年，才开花即剪去，求养其气而不泄尔。未分时，前期月余，取合用沙，去砾扬尘，使粪夹和鹅粪为上，他粪勿用，晒干储久。逮寒露之后，击碎元盆，轻手解拆，去旧芦头，存三年之颖。或三颖、四颖作一盆，旧颖内，新颖外。不可太高，恐年久易隘。不可太低，恐根局不舒。下沙欲疏而通，则积雨不渍。上沙欲细则润，宜泥沙顺性。虽橐驼复生，无易于此。

泥沙之宜

世称花木多品，惟竹三十九种，菊有一百二十种，芍药百余种，牡丹九十种，皆用一等沙泥，惟兰有差。梦良、鱼鮢，宜黄净无泥瘦沙，肥则腐。吴兰、仙霞，宜粗细适宜赤沙，浇肥。朱、李、灶山，宜山下流聚沙。济老、惠知客、马大同、大小郑，宜沟壑黑浊沙。何、赵、蒲、许、大小张、金棱边，则以赤沙和泥种之。自陈八斜、夕阳红以下，任意用沙皆可。须盆面沙燥方浇肥，平常浇水亦如之。而浇水时与浇肥异，肥以一年三次浇，水以一月三次浇，大暑又倍之。此封植之法。

受养之地，靖节菊、和靖梅、濂溪莲，皆识物真性。兰性好通风，故台太高冲阳，太低隐风。前宜向离，后宜背坎，故迎南风而障北吹。兰性畏近日，故地太狭蔽气，太广逼炎。左宜近野，右宜依林，欲引东旸而避西照。炎烈荫之，凝寒晒之。蚯蚓蟠根，以小便去之。枯蝇点叶，以油汤拭之。摘莠草，去蛛丝，一月之内，凡数十周。伺其侧，真怪识之。橘逾淮为枳壳，逾汝则死。余每病诸兰肩载外郡，取怜贵家，既非土地之宜，又失莳养之法，久皆化而为茅。故以得活萌，贻诸同好君子。倘如鄙言，则纫为裳，揉为浆，生意日茂，奚九畹而止！

紫兰

陈梦良。有二种，一紫干，一白干。花色淡紫，大似鹰爪，排钉甚疏，壮者二十余萼。叶深绿，尾微焦而黄。好湿恶燥，爱肥恶浊。叶半出架而尚抽蕊，几与叶齐而未破。昔陈承议得于官所而奇之，梦良陈字也。曾弃之鸡埘傍，一夕吐萼二十五，与叶俱长三尺五寸有奇，人宝之，曰"陈梦良"。诸兰今年懒为子，去年为父，越去年为祖，惟陈兰多缺祖，所以价穹。其叶森洁，状如剑脊，尾焦。众兰顶花皆并俯，惟此花独仰，特异于众。

吴兰。色深紫，向吾得于龙岩漳州县名。铁矿山铁丛。石心而婉媚，叶之修绿冠诸品。得所养则蕊歧生，有二十余萼。性颇受肥。亭亭特特，隐然君子立乎其前。

初成翁。本性有仙霞，色深紫，花气幽芳，劲操特节，干叶与吴伯仲，特花深耳。

赵十使。即师溥。色淡，壮者十四、五萼。叶色深绿，花似仙霞，叶之修劲不及之。

　　何兰。壮者十四五萼，繁而低压，冶而倒披。花色淡紫，似陈兰。陈花干壮而何则瘦，陈叶尾焦而何则否。或名潘兰，有红酣香醉之状。经雨露则娇，因号"醉杨妃"。不常发，似仙霞。

大张青。色深紫，壮者十三萼，资劲质直。向北门，张其姓，读书岩谷，得之。花有二种，大张花多，小张花少。大张干花俱紫，叶亦肥瘦胜小张，悭于发花。

蒲统领。色紫，壮者十数萼。淳熙间，蒲统领引兵逐寇，忽见一所，似非人世，四周幽兰，欲摘而归。一老叟前曰："此兰有神主之，不可多摘。"取数颖而归。

陈八斜。色深紫，壮者十余萼，发则盈盆。花类大张青，干紫过之。叶绿而瘦，尾似蒲下垂。紫花中能生者为最，间有一茎双花。

淳监粮。色深紫，多者十萼。丛生，并叶，干曲，花壮。俯者如想，倚者如思。叶高三尺，厚而且直，其色尤紫。

大紫。壮者十四萼。出于长泰，亦以邑名，近五六载。叶绿而茂，花韵而幽。

许景初。有十二萼者，花色鲜红。凌晨浥露，若素练经茜，玉颜半酡。干微曲，善于排钉。叶颇散垂，绿亦不深。

石门红。其色红，壮者十二萼。花肥而促，色红而浅。叶虽粗亦不甚高，满盆则生。亦云赵兰。

小张青。色红，多有八萼，淡于石门红。花干甚短，止供簪插。

和蘭此筆甚妙博趣率自然……畫此一㖞落筆鵰亭品此實來杜檜……高奇博學馮叔群……藏筆祝時年十三五……

萧仲红。色如褪紫，多者十二萼。叶绿如芳茅。其余干纤长，花亦离疏，时人呼为"花梯"。

何首座。色淡紫，壮者九萼。陈、吴诸品未出，人争爱之。既出，其名亚矣。

林仲礼。色淡紫，壮者九萼。花半开而下视，叶劲而黄，一云"仲美"。

　　粉妆成。色轻紫，多者八萼，类陈八斜，花与叶亦不甚都。

茅兰。其色紫之，长四寸有奇，壮者十六七萼。粗而俗，人鄙之。是兰结实，其破如线，丝丝片片，随风飘地，轻生。夏至抽箛，春前开花。

金棱边。出于长泰陈氏，或云东郡迎春坊门王元善家。如龙溪县后林氏，花因火为王所得。有十二、三萼，幽香凌桂，劲节方筠，花似吴而差小。其叶自尖处分为两边，各一线许，夕阳返照，恍然金色。漳人宝之，亦罕传于外，是以价高十倍于陈、吴，目之为紫兰奇品。

白兰

灶山。色碧，壮者二十余萼，出漳浦。昔有炼丹于深山，丹未成，种其兰于丹灶傍，因名。花如葵而间生并叶，干、叶、花同色，萼齐修，中有薤黄。东野朴守漳时，品为花魁，更名碧玉干。得以秋花，故殿于紫兰之后。

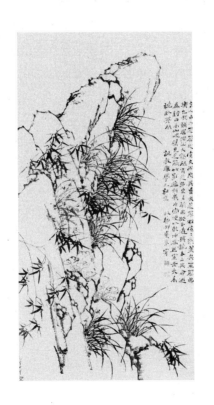

济老。色微绿，壮者二十五萼，逐瓣有一线红晕界其中。干绝高，花繁则干不能制，得所养则生。绍兴间，僧广济修养穷谷，有神人授数颖，兰在山阴久矣。师今行果已满，与兰齐芳。僧植之岩下，架一脉之水溉焉，人植而名之。又名一线红，以花中界红脉若一线然。干花与灶山相若，惟灶山花开玉顶，下花如落，以此分其高下。此花悭生蕊，每岁只生一。

惠知客。色洁白，或向或背，花英淡紫，片尾微黄，颇似施兰。其叶最茂，有三尺五寸余。

施兰。色黄，壮者十五萼，或十六、七萼。清操洁白，声德异香。花头颇大，岐干而生。但花开未周，下蕊半堕。叶深绿，壮而长，冠于诸品。此等种得之施尉。

李通判。色白，壮者十二萼。叶有剑脊，挺直而秀，最可人眼。所以识兰趣者，不专看花，正要看叶。

郑白善。色碧，多者十五萼，岐生过之。肤美体腻，翠羽金肩。花若懒散下视，其跗尤碧。交秋乃花，或又谓大郑。

郑少举。色洁白，壮者十七、八萼。郑得之云霄。叶劲曰大郑，叶软曰小郑，散乱，蓬头少举。茎硃，花一生则盈盆，引于齐叶三尺，劲壮似仙霞。

仙霞九十蕊。色白，鲜者如濯，含者如润。始得之泰邑，初不为奇，植之蕊多，因以名花。比李通判则过之。

马大同。色碧，壮者十二萼。花头肥大，瓣绿，片多红晕。其叶高耸，干仅半之。一名朱抚，或曰翠微，又曰五晕丝。叶散，端直冠他种。

黄八兄。色洁白，壮者十三萼。叶绿而直，善于抽干，颇似郑花，多犹荔之"十八娘"。

朱兰。得于朱金判。色黄，多者十一萼。花头似开，倒向一隅，若虫之蠹。干叶长而瘦。

周染。色白，壮者十数萼。叶与花俱类郑，而干短弱叶、干长者为少举，促而叶微黄者为白善，干短者为周花。

夕阳红。色白，壮者八萼。花片虽白，尖处微红，若夕阳返照。或谓产夕阳院东山，因名。

云峤。色白，壮者七萼。花大红心，邻于小张，以所得之地名。叶深厚于小张青，高亦如之。云峤，海岛之精寺也。

林郡马。其色绿，出长泰，壮者十三萼。叶厚而壮，似施而香过之。

青蒲。色白，七萼。挺肩露颖，似碧玉而叶低小，仅尺有五寸。花尤白，叶绿而小，直而修。

独头兰。色绿，一花，大如鹰爪。干高二寸，叶类麦门冬。入腊方薰馥可爱，建、浙间谓之献岁，正一干一花而香有余者。山乡有之，间有双头。涪翁以一干一花而香有余者，兰也。

　　观堂主。色白，七萼。干红，花聚如簇，叶不甚高。妇女多簪之。

名第。色白，七八萼。风韵虽亚，以出周先生读书林先生讳匡物，元和进士榜。邦人以先生故，爱而存之。

鱼鮌兰。一名赵兰，十二萼。花片澄澈，宛入鱼鮌，采而沉之，无影可指。叶颇劲绿，颠微曲焉。此白兰之奇品，更有高阳兰、四明兰。

碧兰。始出于叶兴化郡名。龟山院陈、沈二仙修行处。花有十四、五萼，与叶齐修。叶直而瘦，花碧而芳。用红沙种，雨水浇之。莆中奇品，或山石和泥亦宜之。

翁通判。色淡紫，壮者十六、七萼。叶最修长。此泉州之奇品，宜赤泥和沙。

建兰。色白而洁，味苦而幽。叶不甚长，只近二尺许，深绿可爱。最怕霜凝，日晒则叶尾皆焦。爱肥恶燥，好湿恶浊。清香皎洁，胜于漳兰，但叶不如漳兰修长。此南、建之奇品也。品第亦多，而予尚未造奇妙。宜黑泥和沙。

碧兰。色碧，壮者二十余萼。叶最修长。得于所养，则萼修于叶，花叶齐色，香韵而幽，长三尺五寸有余。更有一品，而花叶俱短三四寸许，爱湿恶燥，最怕烈日，种之不得其本性则腐烂。此广州之奇品也。

竹
谱

植类之中，有物曰竹。不刚不柔，非草非木。

《山海经》《尔雅》皆言以竹为草，事经圣贤，未有改易。然则称草，良有难安。竹形类既自乖殊，且《经》中文说又自背伐，《经》云"其草多竹"，复云"其竹多箭"，又云"云山有桂竹"。若谓竹是草，不应称竹。今既称竹，则非草可谓知矣。竹是一族之总名，一形之偏称也。植物之中有草、木、竹，犹动品之中有鱼、鸟、兽也。年月久远，传写谬误，今日之疑，或非古贤之过也。而比之学者谓事经前贤，不敢辨正。何异匈奴恶郅都之名，而畏木偶之质耶！

小异空实，大同节目。

夫竹之大体多空中，而时有实，十或一耳，故曰小异。然虽有空实之异，而未有竹之无节者，故曰大同。

或茂沙水，或挺岩陆。

桃枝、筼筜，多植水渚。篁、筱之属，必生高燥。

条畅纷敷，青翠森肃。质虽冬蒨，性忌殊寒。九河鲜育，五岭实繁。

九河即徒骇、太史、马颊、覆釜、胡苏、简、絜、钩盘、鬲津，禹所导也，在平原郡。五岭之说，互有异同。余往交州，行路所见，兼访旧老，考诸古志，则今南康、始安、临贺为北岭，临漳、宁浦为南岭。五都界内各有一岭，以隔南北之水，俱通南越之地。南康、临贺、始安三郡通广州，宁浦、临漳二郡在广州西南，通交州。或赵佗所通，或马援所并，厥迹在焉。故陆机请"伐鼓五岭表"，道九真也。徐广《杂记》以剡、松阳、建安、康乐为五岭，其谬远矣。俞益期《与韩康伯》以晋兴所统南移、大营、九冈为五岭之数，又其谬也。九河鲜育，忌隆寒也。五岭实繁，好殊温也。

萌笋苞箨，夏多春鲜。根干将枯，花蓨乃县。

竹生花实，其年便枯死。蓨，竹实也。蓨音福。

篛必六十，复亦六年。

竹六十年一易根，易根辄结实而枯死。其实落土复生，六年遂成町。竹谓死为篛。篛音纣。

钟龙之美，爰自昆仑。

钟龙，竹名。黄帝使伶伦伐之于昆仑之墟，吹以应律。《声谱》云"钟龙大竹"，此言非大小之称。《笛赋》云钟龙，非也，自一竹之名耳。所生若是大竹，岂中律管与笛。

员丘帝竹，一节为船。巨细已闻，形名未传。

员丘帝俊竹，一节为船。郭注云："一节为船，未详其义。""俊"即"舜"字假借也。

桂实一族，同称异源。

桂竹。高四五丈，大者二尺围，阔节大叶，状如甘竹而皮赤，南康以南所饶也。《山海经》云："灵原桂竹，伤人则死。"是桂竹有二种，名同实异，其形未详。

籥尤劲薄，博矢之贤。

籥，细竹也。出《蜀志》："薄肌而劲，中三续射博箭。"籥音卫，见《三仓》。

篁任篙笛，体特坚圆。

篁竹。坚而促节，体圆而质坚，皮白如霜粉。大者宜行船，细者为笛。篁音皇，见《三仓》。

棘竹骈深，一丛为林。根如椎轮，节若束针。亦曰笆竹，城固是任。篾笋既食，鬓发则侵。

棘竹。生交州诸郡，丛初有数十茎，大者二尺围，肉至厚，实中。夷人破以为弓，枝节皆有刺。彼人种以为城，卒不可攻。万震《异物志》所种为藩落，阻过层墉者也。或卒崩，根出大如十石物，纵横相承，如缫车。一名笆竹，见《三仓》。笋味落人须发。

单体虚长，各有所育。

单竹。大者如腓，虚细长爽。岭南夷人取其笋未及竹者，灰煮，绩以为布，其精者如縠焉。

苦实称名，甘亦无目。

苦竹。有白、有紫，而味苦。甘竹似篁而茂叶，下节味甘，合汤用之。此处处亦有。

弓竹如藤，其节郄曲。生多卧土，立则依木。长几百寻，状若相续。质虽含文，须膏乃缛。

弓竹。出东垂诸山中，长数十丈，每节辄曲。既长且软，不能自立，若遇木乃倚。质有文章，然要须膏涂火灼，然后出之。篾卧竹上出也。

厥族之中，苏麻特奇。修干平节，大叶繁枝。凌群独秀，蓊茸纷披。

苏麻竹。长数丈，大者尺余围。概节多枝，丛生四枝，叶大如履，竹中可爱者也。此五岭左右遍有之。

筼筜、射筒，箖箊、桃枝。长爽纤叶，清肌薄皮。千百相乱，洪细有差。

数竹皮叶相似。筼筜最大，大者中甑，笋亦中。射筒，薄肌而最长，节中贮箭，因以为名。䈽箖，叶薄而广，越女试剑竹是也。桃枝是其中最细者。并见《方志赋》。桃枝皮赤，编之滑劲，可以为席，《顾命篇》所谓"篾席"者也。《尔雅·释草》云："四寸一节为桃枝。"郭注云："竹四寸一节为桃枝。"余之所见桃枝竹，节短者不兼寸，长者或逾尺。豫章遍有之，其验不远也。恐《尔雅》所载草族，自别有桃枝，不必是竹。郭注加"竹"字，取之谬也。《山海经》云："其木有桃枝、剑端。"又《广志·层木篇》云："桃枝出朱提郡，曹爽所用者也。"详察其形，宁近于木也，但未详《尔雅》所云复是何桃枝耳。《经》《雅》所说二族，决非作席者矣。《广志》以藻为竹，是误。后生学者往往有为所误者耳。

相繇既戮，厥土维腥。三堙斯沮，寻竹乃生。物尤世远，略状传名。

禹杀共工、相繇二臣，膏流为水，其处腥臊，不植五谷。禹三堙皆沮，寻竹生焉。在昆仑之北有岳之山，见《大荒北经》中。

般肠实中，与笆相类。于用寡宜，为笋殊味。

般肠竹。生东郡缘海诸山中。其笋最美，云与笆竹相似，出闽中。并见《沈志》，其形未详。

筋竹为矛，称利海表。槿仍其干，刃即其杪。生于日南，别名为篠。

筋竹。长二丈许，围数寸，至坚利，南土以为矛，其笋未成竹时堪为弩弦。见徐忠《南中奏》。刘渊林云："夷人以史叶竹为矛，余之所闻，即是筋竹。"岂非一物而二名者也。

百叶参差，生自南垂。伤人则死，医莫能治。亦曰筹竹，厥毒若斯。彼之同异，余所未知。

百叶竹。生南垂界，甚有毒，伤人必死。一枝百叶，因以为名。《沈志》刘渊林云："筹竹有毒，夷人以刺虎豹，中之辄死。"或有一物二名，未详其同异。

箽与由衙，厥体俱洪。围或累尺，箽实衙空。南越之居，梁柱是供。

箽实厚肥，孔小，几于实中。二竹皆大竹也，土人用为梁柱。箽竹，安成以南有之。其味苦，俗号箽。由衙竹，《交州广志》云："亦有生于永昌郡，为物丛生。"《吴郡赋》所谓："由衙者篁。"篁音雹，性柔弱，见《三仓》。

竹之堪杖，莫尚于筇。磈砢不凡，状若人功。岂必蜀壤，亦产余邦。一曰扶老，名实县同。

筇竹。高节实中，状若人刻，为杖之极。《广志》云："出南广邛都县。"然则邛是地名，犹高粱堇。《张骞传》云："于大夏见之，出身毒国。始感邛杖，终开越隽。"越隽则古身毒也。张孟阳云："邛竹出兴古盘江县。"《山海经》谓之"扶竹"，"生寻伏山，去洞庭西北一千一百二十里"。《黄图》云："华林园有扶老三株。"如此则非一处，赋者不得专为蜀地之生也。《礼记》曰"五十杖于家""六十杖于乡"者，扶老之器也。此竹实既固杖，又名扶老，故曰"名实县同"也。

蓧、簜二族，亦甚相似。杞发苦竹，促节薄齿。束物体柔，殆同麻枲。

　　蓧、簜二种，至似苦竹，而细软肌薄。蓧笋亦无味，江汉间谓之苦蓧。见《沈志》。蓧音聊。簜音礼，齿有文理也。

盖竹所生，大抵江东。上密防露，下疏来风。连亩接町，竦散岗潭。

盖竹。亦大，薄肌，白色。生江南深谷山中，不闻人家植之。其族类动有顷亩。《典录·贺齐传》云："讨建安贼洪明于盖竹。"盖竹以名地，犹酸枣之邑，豫章之名邦者类是也。

鸡胫似箽，高而笋脆。稀叶梢杪，类记黄细。

鸡胫。箽竹之类，纤细，大者不过如指。疏叶，黄皮，强肌，无所堪施。笋美，青斑色绿，沿江山岗所饶也。

狗竹有毛，出诸东裔。物类众诡，于何不计？

狗竹。生临海山中，节间有毛，见《沈志》。

乾隆辛卯清和似文水夫人遺法
笠夫沈宗騫

有竹象芦，因以为名。东瓯诸郡，缘海所生。肌理匀净，筠色润贞。凡今之篾，匪兹不鸣。

此竹肤似芦，出扬州东垂诸郡。浙江以东为瓯越，故曰东瓯。苏成公始作篾，似于今篾，故曰“凡今之篾”。

会稽之箭，东南之美。古人嘉之，因以命矢。

箭竹。高者不过一丈，节间三尺，坚劲中矢。江南诸山皆有之，会稽所生最精好，故《尔雅》云："东南之美者，有会稽之竹箭焉。"非总言矣，大抵中矢者虽多，此箭为最，古人美之以首。其目见《方言》。是以楚俗□□伯细箭五十，跪加庄王之背，明非矢者也。

箘簵载籍，贡名荆鄙。

箘、簵二竹，亦皆中矢，皆出云梦之泽。《禹贡》篇"出荆州"，《书》云"厎贡厥名"，言其有美名，故贡之也。大较故是会稽箭类耳。皮特黑涩，以此为异。《吕氏春秋》云"骆越之箘"，然则南越亦产，不但荆也。

篛亦箘徒，概节而短。江汉之间，谓之箊竹。

《山海经》云"其竹名篅"，生非一处，江南山谷所饶也。故是箭竹类。一尺数节，叶大如屦。可以作篷，亦中作矢，其笋冬生。《广志》云："魏时，汉中太守王图，每冬献笋。"俗谓之篊笿。篊，苦恬反。

根深耐寒，茂彼淇苑。

北土寒冰，至冬地冻，竹根类浅，故不能植。唯
箖根深，故能晚生。淇园，卫地，殷纣竹箭园也。见
班彪《志》。《淮南子》曰"乌号之弓，贯淇卫之箭"也。
《毛诗》所谓"瞻彼淇奥，绿竹猗猗"是也。

篁筱苍苍，接町连筻。性不卑植，必也岩岗。逾矢称大，出寻为长。物各有用，扫之最良。

篁筱。中扫帚，细竹也，特异他筱。见《广志》。至大者不过如箭，长者不出一丈，根杪条等下节。生惟高阴，动有町亩，庐山所饶也。扫帚之选，寻阳人往往取下都货焉。

又有族类，爰挺峄阳。悬根百仞，竦干风生。箫笙之选，有声四方。质清气亮，众管莫伉。

鲁郡邹山有筱，形色不殊，质特坚润，宜为笙管，诸方莫及也。《笙赋》云，所谓"邹山大竹，峄阳孤桐"，此山竹特能贞绝也。

亦有海筱，生于岛岑。节大盈尺，干不满寻。形枯若箸，色如黄金。徒为一异，罔知所任。

海中之山曰岛，山有此筱。大者如箸，内实外坚，拔之不曲。生既危埇，海又多风，枝叶稀少，状若枯箸。质虽小异，无所堪施。交州海石林中遍饶是也。

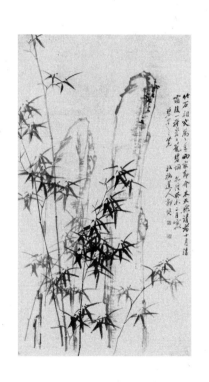

赤、白二竹，还取其色。白薄而曲，赤厚而直。沅澧所丰，余邦颇植。

颇，少也。俗曰"白鹿竹"，亦可作簜。浔阳郡人呼为"白木竹"。燥时皮肉皆赤。武陵溪中是所丰是也。

肃肃䇲簹，奏奏攒植。擢笋于秋，冬乃成竹。无大无小，千万修直。簦幕内㝟，绣文外觘。

䇲簹竹。大如脚指，坚厚修直。腹中白幕阑隔，状如湿面生衣。将成竹而笋皮未落，辄有细虫啮之。陨箨之后，虫啮处，往往成赤文，颇似绣画可爱。南康所生。见《沈志》也。

箛篸诞节，内实外泽。作贡汉阳，以供辂策。

箛篸竹。生于汉阳，时献以为辂马策。见《南郡赋》。

浮竹亚节，虚软厚肉。临溪覆潦，栖云荫木。洪笋滋肥，可为旨蓄。

浮竹。长者六十尺，肉厚而虚软，节阔而亚，生水次。彭蠡以南，大岭以北，遍有之。其笋未出时掘取，以甜糟藏之，极甘脆，南人所重。旨蓄，谓草莱甘美者可蓄藏之以候冬。《诗》曰："我有旨蓄，可以御冬。"

厥性异宜，各有所育。篾植于宛，筡生于蜀。

篾竹，见《南郡赋》。筡竹，见《蜀都赋》。

细筱大簜。

《书》云："筱簜既敷。"郑玄云："筱，箭。簜，大竹也。"

竹之通目，玄名统体。譬牛与犊，人之所知，事生轨躅。

车迹曰轨，马迹曰躅。

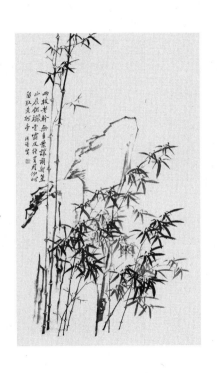

赤县之外，焉可详录。臆之必之，匪迈伊瞩。

邹子云：今四海谓之瀛海，瀛海之内谓之赤县。瀛海之外如赤县者复有八，故谓之九州。非《禹贡》所谓九州也。天地无边，苍生无量。人所闻见，因轨躅所及，然后知耳，盖何足云。若耳目所不知，便断以不然，岂非愚近之徒者耶！故孔子将圣，无意无必。庄生达迈，以人所知，不若所不知。岂非苞鉴无穷，师表群生之谓乎！

菊谱

序

　　山林好事者，或以菊比君子。其说以谓岁华晼晚，草木变衰，乃独烨然秀发，傲睨风露，此幽人逸士之操，虽寂寥荒寒，而味道之腴，不改其乐者也。神农书以菊为养性上药，能轻身延年，南阳人饮其潭水，皆寿百岁。使夫人者有为于当年，医国庇民，亦犹是而已。菊于君子之道，诚有臭味哉！

《月令》以动、植志气候，如桃、桐辈，直云"始华"，而菊独曰"菊有黄华"，岂以其正色独立，不伍众草，变词而言之欤！故名胜之士，未有不爱菊者，至陶渊明尤甚爱之，而菊名益重。又其花时，秋暑始退，岁事既登，天气高明，人情舒闲，骚人饮流，亦以菊为时花，移槛列斛，辇致觞咏间，谓之重九节物。此虽非深知菊者，要亦不可谓不爱菊也。

爱者既多，种者日广。吴下老圃，伺春苗尺许时，掇去其颠，数日则歧出两枝，又掇之，每掇益歧。至秋，则一干所出，数百千朵，婆娑团圞，如车盖熏笼矣。人力勤，土又膏沃，花亦为之屡变。顷见东阳人家菊图，多至七十种。淳熙丙午，范村所植，止得三十六种，悉为谱之。明年，将益访求它品为后谱云。

黄花

胜金黄。一名大金黄。菊以黄为正，此品最为丰缛而加轻盈。花叶微尖，但条梗纤弱，难得团簇。作大本，须留意扶植乃成。

叠金黄。一名明州黄，又名小金黄。花心极小，叠叶稠密，状如笑靥。花有富贵气，开早。

棣棠菊。一名金锤子。花纤稠，酷似棣棠。色深如赤金，它花色皆不及，盖奇品也。棵株不甚高。金陵最多。

叠罗黄。状如小金黄。花叶尖瘦，如剪罗縠，三两花自作一高枝出丛上，意度潇洒。

麝香黄。花心丰腴，傍短叶密承之。格极高胜。亦有白者，大略似白佛顶，而胜之远甚。吴中比年始有。

千叶小金钱。略似明州黄。花叶中外叠叠整齐，心甚大。

太真黄。花如小金钱，加鲜明。

单叶小金钱。花心尤大，开最早，重阳前已烂熳。

垂丝菊。花蕊深黄，茎极柔细，随风动摇，如垂丝海棠。

鸳鸯菊。花常相偶，叶深碧。

金铃菊。一名荔枝菊。举体千叶细瓣，簇成小球，如小荔枝。枝条长茂，可以揽结。江东人喜种之，有结为浮图楼阁高丈余者。余顷北使过栾城，其地多菊，家家以盆盎遮门，悉为鸾凤亭台之状，即此一种。

球子菊。如金铃而差小。二种相去不远，其大小名字，出于栽培肥瘠之别。

小金铃。一名夏菊花。如金铃而极小，无大本。夏中开。

藤菊。花密，条柔，以长如藤蔓，可编作屏障，亦名棚菊。种之坡上，则垂下袅数尺如缨络，尤宜池潭之濒。

十样菊。一本开花，形模各异，或多叶，或单叶，或大，或小，或如金铃。往往有六七色，以成数通名之曰十样。衢、严间花黄，杭之属邑有白者。

甘菊。一名家菊。人家种以供蔬茹。凡菊叶，皆深绿而厚，味极苦，或有毛。惟此叶淡绿柔莹，味微甘，咀嚼香味俱胜。撷以作羹及泛茶，极有风致。天随子所赋，即此种。花差胜野菊，甚美，本不系花。

　　野菊。旅生田野及水滨，花单叶，极琐细。

白花

五月菊。花心极大，每一须皆中空，攒成一匾球。子红白，单叶绕承之。每枝只一花，径二寸，叶似同蒿。夏中开。近年院体画草虫，喜以此菊写生。

金杯玉盘。中心黄，四傍浅白大叶，三数层。花头径三寸，菊之大者不过此。本出江东，比年稍移栽吴下。此与五月菊二品，以其花径寸特大，故列之于前。

喜容。千叶。花初开，微黄，花心极小，花中色深，外微晕淡，欣然丰艳有喜色，甚称其名。久则变白。尤耐封殖，可以引长七八尺至一丈，亦可揽结，白花中高品也。

御衣黄。千叶。花初开，深鹅黄，大略似喜容，而差疏瘦。久则变白。

万铃菊。中心淡黄锤子，傍白花叶绕之。花端极尖，香尤清烈。

莲花菊。如小白莲花，多叶而无心，花头疏，极萧散清绝，一枝只一葩。绿叶，亦甚纤巧。

芙蓉菊。开就者如小木芙蓉，尤秾盛者如楼子芍药，但难培植，多不能繁芜。

茉莉菊。花叶繁缛，全似茉莉，绿叶亦似之，长大而圆净。

木香菊。多叶，略似御衣黄。初开浅鹅黄，久则淡白。花叶尖薄，盛开则微卷。芳气最烈。一名脑子菊。

酴醾菊。细叶稠叠，全似酴醾，比茉莉差小而圆。

艾叶菊。心小，叶单，绿叶，尖长似蓬艾。

白麝香。似麝香黄，花差小，亦丰腴韵胜。

白荔枝。与金铃同，但花白耳。

银杏菊。淡白，时有微红，花叶尖。绿叶，全似银杏叶。

杂色

波斯菊。花头极大，一枝只一葩，喜倒垂下，久则微卷，如发之鬈。

佛顶菊。亦名佛头菊。中黄，心极大，四傍白花一层绕之。初秋先开白色，渐沁，微红。

桃花菊。多叶，至四五重，粉红色，浓淡在桃、杏、红梅之间。未霜即开，最为妍丽，中秋后便可赏。以其质如白之受采，故附白花。

胭脂菊。类桃花菊，深红浅紫，比胭脂色尤重，比年始有之。此品既出，桃花菊遂无颜色，盖奇品也。姑附白花之后。

紫菊。一名孩儿菊。花如紫茸，丛茁细碎，微有菊香。或云即泽兰也。以其与菊同时，又常及重九，故附于菊。

后序

菊有黄白二种，而以黄为正。洛人于牡丹，独曰花而不名。好事者于菊，亦但曰黄花，皆所以珍异之，故余谱先黄而次白。陶隐居谓菊有二种：一种茎紫气香味甘，叶嫩可食，花微小者，为真；其青茎细叶作蒿艾气，味苦，花大，名苦薏，非真也。今吴下惟甘菊一种可食，花细碎，品不甚高。余味皆苦，白花尤甚，花亦大。隐居论药，既不以此为真，后复云"白菊治风眩"。陈藏器之说亦然。《灵宝方》及《抱朴子》丹法又悉用白菊，盖与前说相牴牾。今详此，惟甘菊一种可食，亦入药饵。余黄白二花虽不可茹，皆可入药。而治头风则尚白者。此论坚定无疑，并附着于后。

瓶史

瓶花三说 瓶花谱

（明）高濂 张谦德 袁宏道·撰

中华书局

·绿·窗·红·袖·

前　言

　　韦庄《菩萨蛮·红楼别夜堪惆怅》有"劝我早归家，绿窗人似花"的句子，绿窗代称女子居所；"红袖添香夜读书"是无数书生才子的绮丽清梦，红袖自然是美女的代称。然而我们这套"绿窗红袖"无涉情感，只关注女性的才思学养，关注女性对美超乎寻常的感悟力和创造力。

　　"懒起画蛾眉，弄妆梳洗迟。照花前后镜，花面交相映。"女子不必生来惊艳，但应仪态得体，妆容精致。明代胡文焕的《香奁润色》就是专为女子美饰写的一本书，主要辑录了美容、美发、驻颜、香身等各种古方，"聊为香奁之一助"。

　　"白玉堂前一树梅，今朝忽见数花开。"花中四君子梅兰竹菊因其傲、幽、坚、淡的品性自古以来就受到文人幽士、才女名媛的钟爱。宋范成大等人撰写的《梅兰竹菊谱》便向我们展示了古人如何在与"四君子"的亲密相处和精神交流中悟到了生命之流的本质，在培梅艺兰、植竹赏菊中体验审美的存在。

　　"桂栋兮兰橑，辛夷楣兮药房。"从《楚辞》时代，花枝香草就已经被用来装饰屋栋、门楣和门庭了。汉

以后兴起的器皿插花则进一步把自然的生机和意趣引入室内。明朝高濂的《瓶花三说》初建插花艺术研究体系，它的经验是日常生活审美化的绝佳范例。紧随其后的张谦德的《瓶花谱》、袁宏道的《瓶史》，先后进行了理论提升，成为中国古典插花艺术典籍的双璧。三者在因循承续中各有千秋。

"花随玉指添春色，鸟逐金针长羽毛。"刺绣被认为是"闺阁中之翰墨"，出色的绣品完全可以"与才人笔墨、名手丹青同臻其妙"。然而古来善女红者众，为绣做谱者却罕有其人，因而《绣谱》和《雪宧绣谱》的撰刊就显得意义重大，弥足珍贵。清朝丁佩撰写的《绣谱》是我国最早的一部刺绣专著，理论上借鉴了古代绘画、书法要领，对刺绣的工艺特点、针法等进行了研究。《绣谱》侧重讨论"艺"的一面，而晚清沈寿口述、张謇整理的《雪宧绣谱》则更重视对"技"的总结，详细叙述了刺绣的用具、工序及针法的运用要领等。

优雅是唯一不会褪色的美。将日常生活审美化，生活形态清雅化，优游沉浸其中，自能释放生活的窘态，提升优雅的能力。

中华书局编辑部
2020 年 11 月

目
录

瓶花三说

瓶花谱

瓶花三说

瓶花之宜

高子曰：瓶花之宜有二用，如堂中插花，乃以铜之汉壶、太古尊罍，或官哥大瓶如弓耳壶、直口敞瓶，或龙泉菖草大方瓶，高架两旁，或置几上，与堂相宜。

折花须择大枝，或上茸下瘦，或左高右低，右高左低，或两蟠台接、偃亚偏曲，或挺露一干中出、上簇下蕃、铺盖瓶口，令俯仰高下，疏密斜正，各具意态，得画家写生折枝之妙，方有天趣。若直枝蓬头花朵，不入清供。

花取或一种两种，蔷薇时即多种亦不为俗。冬时插梅必须龙泉大瓶、象窑敞瓶、厚铜汉壶，高三四尺已上，投以硫黄五六钱，砍大枝梅花插供，方快人意。

近有饶窑白瓷花尊，高三二尺者，有细花大瓶，俱可供堂上插花之具，制亦不恶。

若书斋插花，瓶宜短小，以官哥胆瓶、纸槌瓶、鹅颈瓶、花觚、高低二种八卦方瓶、茄袋瓶、龙泉窑瓶、定窑花尊、花囊、四耳小定壶、圆口匾肚壶、青东瓷小蓍草瓶、方汉壶、圆瓶、古龙泉蒲槌瓶、各窑壁瓶。次则古铜花觚、铜觯、小尊罍、方壶、素温窑、匾壶，俱可插花。

又如饶窑宣德年烧制花觚、花尊、密食罐、成窑娇青蒜蒲小瓶、胆瓶、细花一枝瓶、方汉壶式者，亦可文房充玩。但小瓶插花，折宜瘦巧，不宜繁杂；宜一种，多则二种；须分高下合插，俨若一枝天生二色方美。或先凑簇像生，即以麻丝根下缚定插之。若彼此各向，则不佳矣。

大率插花须要花与瓶称，花高于瓶四五寸则可。假若瓶高二尺，肚大下实者，花出瓶口二尺六七寸，须折斜冗花枝，铺撒左右，覆瓶两旁之半则雅。

若瓶高瘦，却宜一高一低双枝，或屈曲斜袅，较瓶身少短数寸似佳。

最忌花瘦于瓶，又忌繁杂。如缚成把，殊无雅趣。

若小瓶插花，令花出瓶，须较瓶身短少二寸，如八寸长瓶，花止六七寸方妙。若瓶矮者，花高于瓶二三寸亦可。插花有态，可供清赏。

故插花、挂画二事，是诚好事者本身执役，岂可托之僮仆为哉？

客曰："汝论僻矣，人无古瓶，必如所论，则花不可插耶？"不然，余所论者，收藏鉴家积集既广，须用合宜，使器得雅称云耳。若以无所有者，则手执一枝，或采满把，即插之水钵、壁缝，谓非爱花人欤？何俟论瓶美恶？又何分于堂室二用乎哉？吾惧客嘲熟矣，具此以解。

瓶花之忌

瓶忌有环，忌放成对，忌用小口、瓮肚、瘦足、药坛，忌用葫芦瓶。

凡瓶忌雕花妆彩花架，忌置当空几上，致有颠覆之患。故官哥古瓶，下有二方眼者，为穿皮条缚于几足，不令失损。

忌香烟、灯煤熏触，忌猫鼠伤残，忌油手拈弄，忌藏密室，夜则须见天日。

忌用井水贮瓶，味咸，花多不茂，用河水并天落水始佳。

忌以插花之水入口，凡插花水有毒，惟梅花、秋海棠二种毒甚，须防严密。

瓶花之法

牡丹花。贮滚汤于小口瓶中，插花一二枝，紧紧塞口，则花叶俱荣，三四日可玩。芍药同法。一云：以蜜作水，插牡丹不悴，蜜亦不坏。

戎葵、凤仙花、芙蓉花。凡折枝花。以上皆滚汤贮瓶，插下塞口，则不憔悴，可观数日。

栀子花。将折枝根捶碎，擦盐，入水插之，则花不黄。其结成栀子，初冬折枝插瓶，其子赤色，俨若花蕊，可观。

荷花。采将乱发缠缚折处，仍以泥封其窍。先入瓶中至底，后灌以水。不令入窍，窍中进水则易败。

海棠花。以薄荷包枝，根水养，多有数日不谢。

竹枝。瓶底加泥一撮。松枝、灵芝同吉祥草，俱可插瓶。

后录四时花纪，俱堪入瓶，但以意巧取裁。花性宜水宜汤，俱照前法。幽人雅趣，虽野草闲花，无不采插几案，以供清玩。但取自家生意，原无一定成规，不必拘泥。

灵芝，仙品也，山中采归，以笋盛置饭甑上蒸熟、晒干，藏之不坏。用锡作管套根，插水瓶中，伴以竹叶、吉祥草，则根不朽，上盆亦用此法。

冬间插花，须用锡管，不惟不坏磁瓶，即铜瓶亦畏冰冻，瓶质厚者尚可，否则破裂。如瑞香、梅花、水仙、粉红山茶、腊梅，皆冬月妙品。插瓶之法，虽曰硫黄投之不冻，恐亦难敌。惟近日色南窗下置之，夜近卧榻，庶可多玩数日。

一法．用肉汁去浮油，入瓶插梅花，则萼尽开而更结实。

附录

高子花榭诠评

高子曰：欧阳公示谢道人种花诗云："深红浅白宜相间，先后仍须次第栽。我欲四时携酒赏，莫教一日不花开。"余意山人家得地不广，开径怡闲，若以常品花卉植居其半，何足取也。

四时所植，余为诠评：

牡丹谱类，数多佳本，遇目亦少。大红如山茶、石榴色者，寓形于图画有之，托根于土壤未见。他如状元红、庆云红、王家红、小桃红，云容露湿，飞燕新妆。茄紫、香紫、胭脂楼、泼墨紫，国色烟笼，玉环沉醉。尺素、白剪绒，水晶帘卷，月露生香。御衣黄、舞青霓、一捻红、绿蝴蝶，玳瑁阑开，朝霞散彩。数种之外，无地多栽。

芍药在广陵之谱，三十有奇，而余所见，亦惟数种。金带围、瑞莲红、冠群芳，衣紫涂朱，容闲红拂。千叶白、玉逍遥、舞霓白、玉盘盂，腻云软玉，色艳绿珠。粉绣球、紫绣球，俗名麻叶粉团。欢团霞脸，次第妆新。

碧桃、单瓣白桃，潇洒霜姿，后先态雅。

垂丝海棠、铁梗海棠、西府海棠、木瓜海棠、白海棠，含烟照水，风韵撩人。

玉兰花、辛夷花，素艳清香，芳鲜夺目。

千瓣粉桃、俗名二色桃。绯桃、俗名苏州桃花，瓣如剪绒，非绛桃也。若绛桃，恶其开久色恶。大红单瓣桃，玄都异种，未识刘郎。

千瓣大红重台石榴、千瓣白榴、千瓣粉红榴、千瓣鹅黄榴、单瓣白粉二色榴，西域别枝，堪惊博望。

紫薇、粉红薇、白薇，紫禁漏长，卧延凉月。

金桂、月桂，四时开，生子者。广寒高冷，云外香风。照水梅、花开朵朵下垂。绿萼梅、玉蝶梅、磬口腊梅，黄色如蜜，紫心，瓣如白梅少大，曾于洪宣公山亭见之，其香扑人。今云腊梅者，皆荷花瓣也，仅免狗英。月瘦烟横，腾吟孤屿。

粉红山茶、千瓣白山茶、大红滇茶、大如茶盏，种出云南。玛瑙山茶、红黄白三色伙作堆，心外大瓣，朱砂红色。宝珠鹤顶山茶，中心如馒，丛簇可爱，若吐白须者，不佳。霞蒸雪酿，沉醉中山。

大红槿、千瓣白槿，残秋几朵，林外孤芳。

茶梅花、小朵，粉红，黄心。开在十一月各花净尽之时，得此可玩。茗花，香清，插瓶可久可玩。冷月一枝，斋头清供。

我之所见，调亦可同，倘人我好恶不侔，用舍惟人自取。若彼草花百种，横占郊原，兹为品题，分为三乘。花之丰采不一，况栽成占地无多，奇种剪裁，当与兼收并蓄，更开十径，醉赏四时。

高子草花三品说

高子曰：上乘高品，若幽兰、建兰、蕙兰、朱兰、白山丹、黄山丹、剪秋罗、二色鸡冠、一花中分紫白二色，同出一蒂。黄莲、千瓣茉莉、红芍、千瓣白芍、玫瑰、秋海棠、白色月季花、大红佛桑、台莲、花开落尽，莲房中每颗仍发花瓣。夹竹桃花、单瓣水仙花、黄萱花、黄蔷薇、菊之紫牡丹、白牡丹、紫芍药、银芍药、金芍药、蜜芍药，金宝相、鱼子兰、菖蒲花、夜合花。

已上数种，色态幽闲，丰标雅淡，可堪盆架高斋，日共琴书清赏者也。

中乘妙品，若百合花、五色戎葵、此宜多种，余家一亩中收取花朵一二百枝。此类形色不同，共有五十多种，能作变态，无定本也。白鸡冠、矮鸡冠、洒金凤仙花、四面莲、迎春花、金雀、素馨、山矾、红山丹、白花荪、紫花荪、吉祥草花、福建小栀子花、黄蝴蝶、鹿葱、剪春罗、夏罗、番山丹、水木樨、闹阳花、石竹、五色罂粟、黄白杜鹃、黄玫瑰、黄白紫三色佛桑、金沙罗、金宝相、丽春木香、紫心白木香、黄木香、荼蘼、间间红、十姊妹、铃儿花、凌霄、虞美人、蝴蝶满园春、含笑花、紫花儿、紫白玉簪、锦被堆、双鸳菊、老少年、雁来红、十样锦、秋葵、醉芙蓉、大红芙蓉、玉芙蓉。

各种菊花、甘菊花、金边丁香、紫白丁香、萱花、千瓣水仙、紫白大红各种凤仙、金钵盂、锦带花、锦茄花、拒霜花、金茎花、红豆花、火石榴、指甲花、石崖花、牵牛花、淡竹花、蓂荚花、木清花、真珠花、木瓜花、滴露花、紫罗兰、红麦、番椒、绿豆花。

已上数种，香色间繁，丰采各半。要皆栏槛春风，共逞四时妆点者也。

下乘具品，如金丝桃、鼓子花、秋牡丹、缠枝牡丹、四季小白花、又名接骨草。史君子花、金豆花、金钱花、红白郁李花、缫丝花、莴苣花、扫帚鸡冠花、菊之满天星、枸杞花、虎茨花、茨菇花、金灯、银灯、羊踯躅、金莲、千瓣银莲、金灯笼、各种药花、黄花儿、散水花、槿树花、白豆花、万年青花、孩儿菊花，缠枝莲、白苹花、红蓼花、石蝉花。

已上数种，铅华粗具，姿度未闲，置之篱落池头，可填花林疏缺者也。

已上种种，是皆造物化机，撩人春色，分布寰宇。吾当尽植林园，以快一时心目，无愧欧公诗教可也。

高子盆景说

高子曰：盆景之尚，天下有五地最盛：南都苏、淞二郡，浙之杭州，福之浦城，人多爱之。论植以钱万计，则其好可知。但盆景以几桌可置者为佳，其大者列之庭榭中物，姑置勿论。

如最古雅者，品以天目松为第一，惟杭城有之，高可盈尺，其本如臂，针毛短簇，结为马远之欹斜诘曲，郭熙之露顶攫拿，刘松年之偃亚层叠，盛子昭之拖拽轩翥等状，栽以佳器，槎牙可观，他树蟠结，无出此制。更有松本一根二梗三梗者，或栽三五窠，结为山林排匝，高下差参，更多幽趣。

林下安置透漏窈窕昆石、应石、燕石、腊石、将乐石、灵壁石、石笋，安放得体。可对独本者，若坐冈陵之巅，与孤松盘桓；其双本者，似入松林深处，令人六月忘暑。

除此五地，所产多同，惟福之种类更夥。若石梅一种，乃天生形质，如石燕、石蟹之类，石本发枝，含花吐叶，历世不败，中有美者，奇怪莫状。此可与杭之天目松为匹，更以福之水竹副之，可充几上三友。水竹高五六寸许，极则盈尺，细叶老干，潇疏可人，盈盈数竿，便生渭川之想，亦盆景中之高品也。

次则枸杞之态多古，雪中红子扶疏，时有雪压珊瑚之号，本大如拳，不露做手。又如桧柏耐苦，且易蟠结，亦有老本苍柯，针叶青郁，束缚尽解，若天生然，不让他本，自多山林风致。

他如虎茨，余见一友人家有二盆，本状笛管，其叶十数重叠，每盆约有一二十株为林，此真元人物也。后为俗人所败。

又见僧家元盆，奇古作状，宝玩令人忘餐，竟败豪右。

美人蕉盈尺上盆，蕉傍立石，非他树可比。此须择异常之石，方惬心赏。

他如榆椿、山冬青、山黄杨、雀梅、杨婆奶、六月霜、铁梗海棠、樱桃、西河柳、寸金罗汉松、娑罗松、剔牙松、细叶黄杨、玉蝶梅、红梅、绿萼梅、瑞香桃、绛桃、紫薇、结香、川鹃、李杏、银杏、江西细竹、素馨、小金橘、牛奶橘，冬时累累朱实，至春不凋。小茶梅、海桐、缨络柏树、海棠、老本黄杨，已上皆可上盆。但木本奇古，出自生成为难得耳。

又如深山之中，天生怪树，种落岩窦年深，木本虽大，树则婆娑，曾见数本，名不可识，似更难得。

又如菖蒲之种有六：金钱、牛顶、台蒲、剑脊、虎须、香苗。看蒲之法，妙在勿令见泥与肥为上，勿浇井水，使叶上有白星坏苗。不令日曝，勿冒霜雪，勿见醉人油手，数事为最。种之昆石、水浮石中，欲其苗之苍翠蕃衍，非岁月不可。

往见友人家有蒲石一圆，盛以水底，其大盈尺，俨若青壁。其背乃先时拳石种蒲，日就生意，根窠蟠结，密若罗织，石竟不露，又无延蔓，真国初物也。后为腥手摩弄，缺其一面，令人怅然。

大率蒲草易看，盆古为难。若定之五色划花，白定绣花、划花，方圆盆以云板脚为美，更有八角圆盆，六角环盆，定样最多，奈无长盆。官窑哥窑圆者居多，绦环者亦有，方则不多见矣。如青东磁，均州窑，圆者居多，长盆亦少。方盆菱花葵花制佳，惟可种蒲。

先年蒋石匠凿青紫石盆，有匾长者，有四方者，有长方四入角者，其凿法精妙，允为一代高手。传流亦少，人多不知。

又若广中白石、紫石方盆，其制不一，雅称养石种蒲，单以应石置之，殊少风致。亦有可种树者。

又如旧龙泉官窑盈三二尺大盆，有底冲全者，种蒲可爱。

若我朝景陵、茂陵，所制青花白地官窑方圆盆底，质细青翠，又为殿中名笔图画，非窑匠描写，曾见二盆上芦雁，不下绢素。但盆惟种蒲者多，种树者少也。

惟定有盈尺方盆，青东磁间或有之。均州龙泉有之，皆方而高深，可以种树。若求长样，可列树石双行者绝少。曾见宣窑粉色裂纹长盆，中分树水二漕，制甚可爱。

近日烧有白色方圆长盆甚多，无俟他求矣。其北路青绿泥窑，俗恶不堪经眼。更有烧成兔子、蟾蜍、刘海、荔枝、党仙，中间二孔种蒲，此皆儿女子戏物，岂容污我仙灵？见之当击碎撞破，为菖蒲脱灾。

山斋有昆石蒲草一具，载以白定划花水底，大盈
一尺三四寸，制川石数十子，红白交错，青绿相间，
日汲清泉养之，自谓斋中一宝。

高子拟花荣辱评

高子曰：花之遭遇荣辱，即一春之间，同其天时，而所遇迥别。故余述花雅称为荣，凡二十有二：

其一、轻阴蔽日。

二、淡日蒸香。

三、薄寒护蕊。

四、细雨逞娇。

五、淡烟笼罩。

六、皎月筛阴。

七、夕阳弄影。

八、开值晴明。

九、傍水弄妍。

十、朱阑遮护。

十一、名园闲静。

十二、高斋清供。

十三、插以古瓶。

十四、娇歌艳赏。

十五、把酒倾欢。

十六、晚霞映彩。

十七、翠竹为邻。

十八、佳客品题。

十九、主人赏爱。

二十、奴仆卫护。

二十一、美人助妆。

二十二、门无剥啄。

此皆花之得意春风，及第逞艳，不惟花得主荣，主亦对花无愧，可谓人与花同春矣。

其疾憎为辱，亦二十有二：

一、狂风摧惨。

二、淫雨无度。

三、烈日销烁。

四、严寒闭塞。

五、种落俗家。

六、恶鸟翻衔。

七、蕌遭春雪。

八、恶诗题咏。

九、俗客狂歌。

十、儿童扳折。

十一、主人多事。

十二、奴仆懒浇。

十三、藤草缠揽。

十四、本瘦不荣。

十五、搓捻憔悴。

十六、台榭荒凉。

十七、醉客呕秽。

十八、筑瓦作瓶。

十九、分枝剖根。

二十、虫食不治。

二十一、蛛网联络。

二十二、麝脐薰触。

此皆花之空度青阳，芳华憔悴，不惟花之寥落主庭，主亦对花增愧矣。花之遭遇一春，是非人之所生一世同邪？

瓶花谱

序

　　梦蝶斋徒曰：幽栖逸事，瓶花特难解，解之者亿不得一。厥昔金润韶年述谱，余亦稚龄作是数语。其间孰是孰非，何去何从，解者自有评定，不赘焉。乙未中秋前二日书。

品瓶

凡插贮花，先须择瓶。春、冬用铜，秋、夏用磁，因乎时也。堂厦宜大，书室宜小，因乎地也。贵磁、铜，贱金、银，尚清雅也。忌有环，忌成对，象神祠也。口欲小而足欲厚，取其安稳而不泄气也。

大都瓶宁瘦毋过壮，宁小毋过大。极高者不可过一尺，得六七寸，四五寸瓶插贮，佳。若太小，则养花又不能太久。

铜器之可用插花者，曰尊，曰罍，曰瓠，曰壶。古人原用贮酒，今取以插花极似合宜。

古铜瓶、钵，入土年久，受土气深，以之养花，花色鲜明如枝头，开速而谢迟，或谢则就瓶结实。若水锈、传世古则尔。陶器入土千年亦然。

古无磁瓶，皆以铜为之。至唐始尚窑器，厥后有柴、汝、官、哥、定、龙泉、均州、章生、乌泥、宣、成等窑，而品类多矣。尚古莫如铜器，窑则柴、汝为贵，而世绝无之。官、哥、宣、定，为当今第一珍品。而龙泉、均州、章生、乌泥、成化等瓶，亦以次见重矣。

瓷器以各式古壶、胆瓶、尊、觚、一枝瓶，为书室中妙品，次则小菖草瓶、纸槌瓶、圆素瓶、鹅颈壁瓶，亦可供插花之用。余如暗花、茄袋、葫芦样、细口匾肚瘦足药坛等瓶，俱不入清供。

古铜壶，龙泉、均州瓶，有极大高三二尺者，别无可用，冬日投以硫磺、斫大枝梅花插供亦得。

品花

《花经》九命升降，吾家先哲君讳翊。所制，可谓缩万象于笔端、实幻景于片楮矣。今谱瓶花，例当列品，录其入供者得数十种，亦以九品九命次第之。

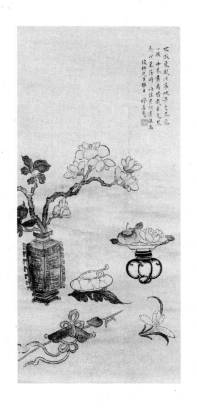

一品九命：兰，牡丹，梅，蜡梅，各色细叶菊，水仙，滇茶，瑞香，菖阳。

二品八命：蕙，酴醾，西府海棠，宝珠茉莉，黄白山茶，岩桂，白菱，松枝，含笑，茶花。

三品七命：芍药，各色千叶桃，莲，丁香，蜀茶，竹。

四品六命：山矾，夜合，赛兰，蔷薇，秋海棠，锦葵，杏，辛夷，各色千叶榴，佛桑，梨。

五品五命：玫瑰，蘑卜，紫薇，金萱，忘忧，
豆蔻。

六品四命：玉兰，迎春，芙蓉，素馨，柳芽，
茶梅。

七品三命：金雀，踯躅，枸杞，金凤，千叶李，枳壳，杜鹃。

八品二命：千叶戎葵，玉簪，鸡冠，洛阳，林禽，秋葵。

九品一命：剪春罗，剪秋罗，高良姜，石菊，牵牛，木瓜，淡竹叶。

折枝

折取花枝，须得家园邻圃，侵晨带露，择其半开者折供，则香色数日不减。若日高露晞折得者，不特香不全、色不鲜，且一两日即萎落矣。

凡折花须择枝，或上葺下瘦，或左高右低，右高左低。或两蟠台接，偃亚偏曲。或挺露一干中出，上簇下蕃，铺盖瓶口。取俯仰高下，疏密斜正，各具意态，全得画家折枝花景象，方有天趣。若直枝蓬头花朵，不入清供。

花不论草木，皆可供瓶中插贮。第摘取有二法：取柔枝也，宜手摘；取劲干也，宜剪却。惜花人亦须识得。采折劲枝尚易取巧，独草花最难摘取，非熟玩名人写生画迹，似难脱俗。

插贮

折得花枝，急须插入小口瓶中，紧紧塞之，勿泄其气，则数日可玩。

大率插花须要花与瓶称，令花稍高于瓶。假如瓶高一尺，花出瓶口一尺三四寸；瓶高六七寸，花出瓶口八九寸，乃佳。忌太高，太高瓶易仆；忌太低，太低雅趣失。

小瓶插花宜瘦巧，不宜繁杂。若止插一枝，须择枝柯奇古、屈曲斜袅者。欲插二种，须分高下合插，俨若一枝天生者；或两枝彼此各向，先凑簇像生，用麻丝缚定插之。

瓶花虽忌繁冗，尤忌花瘦于瓶。须折斜欹花枝，铺撒小瓶左右，乃为得体也。瓶中插花，止可一种、两种，稍过多便冗杂可厌，独秋花不尔也。

滋养

凡花滋雨露以生，故瓶中养花，宜用天水，亦取雨露之意。更有宜蜂蜜者，宜沸汤者。清赏之士，贵随材而造就焉。滋养第一雨水，宜多蓄听用。不得已则用清净江湖水。井水味咸，养花不茂，勿用。插花之水，类有小毒，须旦旦换之，花乃可久。若两三日不换，花辄零落。瓶花每至夜间，宜择无风处露之，可观数日，此天与人相参之术也。

事宜

　　梅花初折，宜火烧折处，固渗以泥。牡丹初折，宜灯燃折处，待软乃歇。蔷卜花初折，宜捶碎其根，擦盐少许。荷花初折，宜乱发缠根，取泥封窍。海棠初折，薄荷嫩叶包根入水。除此数种，可任意折插，不必拘泥。牡丹花宜蜜养，蜜仍不坏。竹枝、戍葵、金凤、芙蓉用沸汤插枝，叶乃不萎。

花忌

瓶花之忌，大概有六：一者，井水插贮；二者，久不换水；三者，油手拈弄；四者，猫、鼠伤残；五者，香、烟、灯煤熏触；六者，密室闭藏，不沾风露。有一于此，俱为瓶花之病。

护瓶

　　冬间别无嘉卉，仅有水仙、蜡梅、梅花数种而已。此时极宜敞口古尊、罍插贮，须用锡作替管盛水，可免破裂之患。若欲用小磁瓶插贮，必投以硫磺少许，日置南窗下近日色，夜至卧榻，旁俾近人气，亦可不冻。一法：用淡肉法，去浮油入瓶插花，则花悉开而瓶略无损。瓶花有宜沸汤者，须以寻常瓶贮汤插之，紧塞其口，候既冷，方以佳瓶盛雨水易却，庶不损瓶。若即用佳瓶贮沸汤，必伤珍重之器矣，戒之。

瓶

史

小引

　　夫幽人韵士，屏绝声色，其嗜好不得不钟于山水花竹。夫山水、花竹者，名之所不在，奔竞之所不至也。天下之人，栖止于嚣崖利薮，目眯尘沙，心疲计算，欲有之而有所不暇，故幽人韵士，得以乘间而踞为一日之有。夫幽人韵士者，处于不争之地，而以一切让天下之人者也，唯夫山水、花竹，欲以让人，而人未必乐受，故居之也安，而踞之也无祸。

嗟夫！此隐者之事，决烈丈夫之所为，余生平企
羡而不可必得者也。幸而身居隐见之间，世间可趋可
争者既不到，余遂欲欹笠高岩，濯缨流水，又为卑官
所绊，仅有栽花莳竹一事，可以自乐。而邸居湫隘，
迁徙无常，不得已乃以胆瓶贮花，随时插换。京师人
家所有名卉，一旦遂为余案头物。无扞剔浇顿之苦，
而有味赏之乐；取者不贪，遇者不争，是可述也。噫！
此暂时快心事也，无狃以为常，而忘山水之大乐，石
公记之。凡瓶中所有品目，条列于后，与诸好事而贫
者共焉。

一 花目

燕京天气严寒，南中名花多不至。即有至者，率为巨珰大畹所有，儒生寒士无因得发其幕，不得不取其近而易致者。夫取花如取友，山林奇逸之士，族迷于鹿豕，身蔽于丰草，吾虽欲友之而不可得。是故通邑大都之间，时流所共标共目，而指为隽士者，吾亦欲友之，取其近而易致也。

余于诸花取其近而易致者：入春为梅，为海棠；夏为牡丹，为芍药，为石榴；秋为木樨，为莲、菊；冬为蜡梅。一室之内，荀香何粉，迭为宾客。取之虽近，终不敢滥及凡卉，就使乏花，宁贮竹柏数枝以充之。"虽无老成人，尚有典刑。"岂可使市井庸儿，溷入贤社，贻皇甫氏充隐之嗤哉？

二　品第

汉宫三千，赵娣第一；邢、尹同幸，望而泣下。故知色之绝者，蛾眉未免俯首；物之尤者，出乎其类。将使倾城与众姬同辇，吉士与凡才并驾，谁之罪哉？梅以重叶、绿萼、玉蝶、百叶缃梅为上，海棠以西府、紫绵为上，牡丹以黄楼子、绿蝴蝶、西瓜瓤、大红、舞青猊为上，芍药以冠群芳、御衣黄、宝妆成为上，榴花深红、重台为上，莲花碧台锦边为上，木樨毬子、早黄为上，菊以诸色鹤翎、西施、剪绒为上，蜡梅磬口香为上。

诸花皆名品，寒士斋中理不得悉致，而余独叙此数种者，要以判断群菲，不欲使常闺艳质杂诸奇卉之间耳。夫一字之褒，荣于华衮，今以蕊宫之董狐，定华林之《春秋》，安得不严且慎哉？孔子曰："其义则丘窃取之矣。"

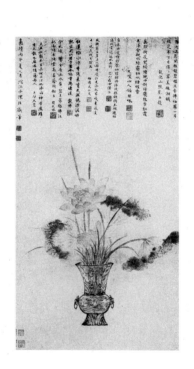

三 器具

养花瓶亦须精良。辟如玉环、飞燕，不可置之茅茨；又如嵇、阮、贺、李，不可请之酒食店中。尝见江南人家所藏旧瓿，青翠入骨，砂斑垤起，可谓花之金屋。其次官、哥、象、定等窑，细媚滋润，皆花神之精舍也。

大抵斋瓶宜矮而小，铜器如花觚、铜觯、尊罍、方汉壶、素温壶、匾壶，窑器如纸槌、鹅颈、茄袋、花樽、花囊、蓍草、蒲槌，皆须形制短小者，方入清供。不然，与家堂香火何异，虽旧亦俗也。然花形自有大小，如牡丹、芍药、莲花，形质既大，不在此限。

尝闻古铜器入土年久，受土气深，用以养花，花色鲜明如枝头，开速而谢迟，就瓶结实。陶器亦然。故知瓶之宝古者，非独以玩。然寒微之士，无从致此，但得宣、成等窑磁瓶各一二枚，亦可谓乞儿暴富也。

冬花宜用锡管，北地天寒，冻冰能裂铜，不独磁
也。水中投硫磺数钱亦得。

四　择水

京师西山碧云寺水、裂帛湖水、龙王堂水，皆可用；一入高粱桥，便为浊品。凡瓶水须经风日者，其他如桑园水、满井水、沙窝水、王妈妈井水，味虽甘，养花多不茂。苦水尤忌，以味特咸，未若多贮梅水为佳。贮水之法：初入瓮时，以烧热煤土一块投之，经年不坏。不独养花，亦可烹茶。

五 宜称

插花不可太繁，亦不可太瘦。多不过二种三种，高低疏密，如画苑布置方妙。置瓶忌两对，忌一律，忌成行列，忌以绳束缚。夫花之所谓整齐者，正以参差不伦，意态天然，如子瞻之文随意断续，青莲之诗不拘对偶，此真整齐也。若夫枝叶相当，红白相配，此省曹墀下树、墓门华表也，恶得为整齐哉？

六　屏俗

　　室中天然几一、藤床一。几宜阔厚，宜细滑。凡
本地边栏漆卓、描金螺钿床，及彩花瓶架之类，皆置
不用。

七　花祟

花下不宜焚香，犹茶中不宜置果也。夫茶有真味，非甘苦也；花有真香，非烟燎也。味夺香损，俗子之过。且香气燥烈，一被其毒，旋即枯萎，故香为花之剑刃。棒香、合香，尤不可用，以中有麝脐故也。昔韩熙载谓木樨宜龙脑、酴醾宜沉水、兰宜四绝、含笑宜麝、蘑卜宜檀，此无异笋中夹肉，官庖排当所为，非雅士事也。至若烛气煤烟，皆能杀花，速宜屏去。谓之花祟，不亦宜哉？

八　洗沐

京师风霾时作，空窗净几之上，每一吹号，飞埃寸余。瓶君之困辱，此为最剧，故花须经日一沐。夫南威、青琴，不膏粉，不栉泽，不可以为姣。今以数叶残芳，垢面秽肤，无刻饰之工，而任尘土之质，枯萎立至，吾何以观之哉？

夫花有喜怒、寤寐、晓夕，浴花者得其候，乃为膏雨。淡云薄日，夕阳佳月，花之晓也；狂号连雨，烈炎浓寒，花之夕也。唇檀烘日，媚体藏风，花之喜也；晕酣神敛，烟色迷离，花之愁也；欹枝困槛，如不胜风，花之梦也；嫣然流盼，光华溢目，花之醒也。晓则空庭大厦，昏则曲房奥室，愁则屏气危坐，喜则欢呼调笑，梦则垂帘下帷，醒则分膏理泽，所以悦其性情，时其起居也。浴晓者上也，浴寐者次也，浴喜者下也。若夫浴夕浴愁，直花刑耳，又何取焉。

浴之之法：用泉甘而清者细微浇注，如微雨解醒，清露润甲。不可以手触花，及指尖折剔，亦不可付之庸奴猥婢。浴梅宜隐士，浴海棠宜韵致客，浴牡丹、芍药宜靓妆妙女，浴榴宜艳色婢，浴木樨宜清慧儿，浴莲宜娇媚妾，浴菊宜好古而奇者，浴蜡梅宜清瘦僧。然寒花性不耐浴，当以轻绡护之。标格既称，神彩自发，花之性命可延，宁独滋其光润也哉？

九 使令

花之有使令，犹中宫之有嫔御，闺房之有妾媵也。夫山花草卉，妖艳实多，弄烟惹雨，亦是便嬖，恶可少哉？梅花以迎春、瑞香、山茶为婢，海棠以苹婆、林檎、丁香为婢，牡丹以玫瑰、蔷薇、木香为婢，芍药以罂粟、蜀葵为婢，石榴以紫薇、大红千叶木槿为婢，莲花以山矾、玉簪为婢，木樨以芙蓉为婢，菊以黄白山茶、秋海棠为婢，蜡梅以水仙为婢。

诸婢姿态，各盛一时，浓淡雅俗，亦有品评。水仙神骨清绝，织女之梁玉清也；山茶鲜妍，瑞香芬烈，玫瑰旖旎，芙蓉明艳，石氏之翾风、羊家之净琬也；林檎、苹婆姿媚可人，潘生之解愁也；罂粟、蜀葵妍于篱落，司空图之鸾台也；山矾洁而逸，有林下气，鱼玄机之绿翘也；黄白茶韵胜其姿，郭冠军之春风也；丁香廋，玉簪寒，秋海棠娇，然而有酸态，郑康成、崔秀才之侍儿也。其它不能一一比像，要之皆有名于世。柔佞纤巧，颐气有余，何至出子瞻榴花、乐天春草下哉！

十 好事

　　嵇康之锻也，武子之马也，陆羽之茶也，米颠之石也，倪云林之洁也，皆以癖而寄其磊块俊逸之气者也。余观世上语言无味、面目可憎之人，皆无癖之人耳。若真有所癖，将沉湎酣溺，性命死生以之，何暇及钱奴宦贾之事？

古之负花癖者，闻人谈一异花，虽深谷峻岭，不惮蹶躄而从之，至于浓寒盛暑，皮肤皴鳞，汗垢如泥，皆所不知。一花将萼，则移枕携褛，睡卧其下，以观花之由微至盛至落至于萎地而后去。或千株万本以穷其变，或单枝数房以极其趣，或嗅叶而知花之大小，或见根而辨色之红白。是之谓真爱花，是之谓真好事也。若夫石公之养花，聊以破闲居孤寂之苦，非真能好之也。夫使其真好之，已为桃花洞口人矣，尚复为人间尘土之官哉？

十一　清赏

茗赏者上也，谈赏者次也，酒赏者下也。若夫内酒、越茶及一切庸秽凡俗之语，此花神之深恶痛斥者。宁闭口枯坐，勿遭花恼可也。夫赏花有地有时，不得其时而漫然命客，皆为唐突。寒花宜初雪，宜雪霁，宜新月，宜暖房。温花宜晴日，宜轻寒，宜华堂。暑花宜雨后，宜快风，宜佳木荫，宜竹下，宜水阁。凉花宜爽月，宜夕阳，宜空阶，宜苔径，宜古藤巉石边。若不论风日，不择佳地，神气散缓，了不相属，此与妓舍酒馆中花何异哉？

十二 监戒

宋张功甫《梅品》，语极有致，余读而赏之，拟作数条，揭于瓶花斋中。花快意凡十四条：明窗，净几，古鼎，宋砚，松涛，溪声，主人好事能诗，门僧解烹茶，蓟州人送酒，座客工画花卉，盛开快心友临门，手抄艺花书，夜深炉鸣，妻妾校花故实。

花折辱凡二十三条：主人频拜客，俗子阑入，蟠枝，庸僧谈禅，窗下狗斗，莲子胡同歌童，弋阳腔，丑女折戴，论升迁，强作怜爱，应酬诗债未了，盛开家人催算帐，检《韵府》押字，破书狼籍，福建牙人，吴中赝画，鼠矢，蜗涎，僮仆偃蹇，令初行酒尽，与酒馆为邻，案上有黄金白雪、中原紫气等诗。燕俗尤竞玩赏，每一花开，绯幕云集。以余观之，辱花者多，悦花者少。虚心检点，吾辈亦时有犯者，特书一通座右，以自监戒焉。

香奁润色

（明）胡文焕·编撰

中华书局

·绿·窗·红·袖·

前　言

韦庄《菩萨蛮·红楼别夜堪惆怅》有"劝我早归家，绿窗人似花"的句子，绿窗代称女子居所；"红袖添香夜读书"是无数书生才子的绮丽清梦，红袖自然是美女的代称。然而我们这套"绿窗红袖"无涉情感，只关注女性的才思学养，关注女性对美超乎寻常的感悟力和创造力。

"懒起画蛾眉，弄妆梳洗迟。照花前后镜，花面交相映。"女子不必生来惊艳，但应仪态得体，妆容精致。明代胡文焕的《香奁润色》就是专为女子美饰写的一本书，主要辑录了美容、美发、驻颜、香身等各种古方，"聊为香奁之一助"。

"白玉堂前一树梅，今朝忽见数花开。"花中四君子梅兰竹菊因其傲、幽、坚、淡的品性自古以来就受到文人幽士、才女名媛的钟爱。宋范成大等人撰写的《梅兰竹菊谱》便向我们展示了古人如何在与"四君子"的亲密相处和精神交流中悟到了生命之流的本质，在培梅艺兰、植竹赏菊中体验审美的存在。

"桂栋兮兰橑，辛夷楣兮药房。"从《楚辞》时代，花枝香草就已经被用来装饰屋栋、门楣和门庭了。汉

以后兴起的器皿插花则进一步把自然的生机和意趣引入室内。明朝高濂的《瓶花三说》初建插花艺术研究体系，它的经验是日常生活审美化的绝佳范例。紧随其后的张谦德的《瓶花谱》、袁宏道的《瓶史》，先后进行了理论提升，成为中国古典插花艺术典籍的双璧。三者在因循承续中各有千秋。

"花随玉指添春色，鸟逐金针长羽毛。"刺绣被认为是"闺阁中之翰墨"，出色的绣品完全可以"与才人笔墨、名手丹青同臻其妙"。然而古来善女红者众，为绣做谱者却罕有其人，因而《绣谱》和《雪宦绣谱》的撰刊就显得意义重大，弥足珍贵。清朝丁佩撰写的《绣谱》是我国最早的一部刺绣专著，理论上借鉴了古代绘画、书法要领，对刺绣的工艺特点、针法等进行了研究。《绣谱》侧重讨论"艺"的一面，而晚清沈寿口述、张謇整理的《雪宦绣谱》则更重视对"技"的总结，详细叙述了刺绣的用具、工序及针法的运用要领等。

优雅是唯一不会褪色的美。将日常生活审美化，生活形态清雅化，优游沉浸其中，自能释放生活的窘态，提升优雅的能力。

中华书局编辑部

2020 年 11 月

二

目

录

头发部附眉

面部

瘢痣部

唇齿部

乳部

藏贮部

头发部 附眉

女人鬓不乱如镜生光方

鹿角菜五钱

滚汤浸一时，冷即成胶，用刷鬓，妙。

梳头发不落方

侧柏两片，如手指大　榧子肉三个　胡桃肉二个

上件，研细，擦头皮极验。或浸水掠头亦可。

生发方又名生秃乌云油方

秦椒　白芷　川芎各一两　蔓荆子　零陵香　附子各五钱

上，各生用，锉碎，绢袋盛，清香油浸三七日，取油，日三度擦无发处，切勿令油滴白肉上。

常用长发药

乱发净洗，晒干

以油煎令焦，就铛内细研如膏，搽头长发。

又法

凡妇人发秃，酒浸汉椒搽发，自然长。

治女人发少方

侧柏叶_{不拘多少}

阴干为末，加油涂之，其发骤生且黑。

又验方

羊屎_{不拘多少}

取以纳鲫鱼腹中，瓦罐固济，烧灰，和香油涂发，数日发生且黑，甚效。

治女人发短方

东行枣根三尺

横安甑上蒸之，两头汁出，用敷发，妙。

治女人鬓秃再生绿云方

腊月猪脂二两　生铁末一两

先以醋泔清净洗秃处，以生布揩令大热，却用猪脂细研入生铁末，煮沸二三度，敷之，即生。柏叶汤洗，亦妙。

止发落方

桑白皮

剉碎，水煮，沐发即不落。

脱发方

以猴姜浸水擦之。

又方

以生姜浸油内，不时擦，即出。

治妇人蒜发方

干柿子大者五个，滚煎茅香汤煮，令㐹　枸杞子酒浸，
焙干碾细

上件，合和捣研为末，丸如梧桐子大。每日空心
及夜卧时煎茅香汤，下五十丸，神妙。

除头上白屑方

侧柏叶三片　胡桃七个　诃子五个　消梨一个

上，同捣烂，用井花水浸片时，搽头，永不生屑。

洗发香润方

白芷三钱　甘松三钱　山奈三钱　苓香草三钱

上，共煎水洗发，每月三次，好。

洗头方散

白芷　川芎　百药煎　五倍子　甘松　薄荷　草乌　藿香　茅香各等分

共为末，干掺擦头，三五日篦之；或为丸，吊在身或头上，皆香。

洗头方

胡饼　菖蒲　撺子皮　皂角

　　上，同槌碎，浆水调团如球子大，每用炮汤洗头，去风，清头目。

干洗头去垢方

藁本 白芷各等分

上，为末，夜擦头上，次早梳，自去。

醒头方

王不留行 板柏叶 贯众 甘松 薄荷 芎䓖

上，为细末，掺之。

醒头香

　　白芷　零陵香　滑石　甘松　荆芥　防风　川芎
木樨

　　上，为细末，掺在发上，略停片时，梳篦为妙。
此药去风，清头目，亦能令人香。

桂花香油

桂花_{初开者}，二两

香油一斤，浸有嘴磁瓶中，油纸密包，滚汤锅内煮半晌，取起固封，每日从嘴中泻出搽发，久而愈香，少勾黄蜡，入油胭脂亦妙。

茉莉香油人名罗斋夜夜香

茉莉花新开者，二两

　　香油浸，收制法与桂花油同，不蒸亦可，但不如桂花香久。

百合香油

冰片一钱　桂花一两　茉莉一两　檀香二两　零陵
香五钱　丁香三钱

香油二斤，制法同前。冰片待蒸后方下，一搽经
月犹香。

搽头竹油方

　　每香油一斤，枣枝一根，锉碎，新竹片一根，截作小片，不拘多少，用荷叶四两入油同煎，至一半，去前物，加百药煎四两与油。再熬，入香物一二味，依法搽之。

黑发麝香油方

香油二斤　柏油二两，另放　诃子皮一两半　没食子六个　百药煎三两　五倍子五钱　酸榴皮五钱　真胆矾一钱　猪胆二个，另放　旱莲台五钱，诸处有之，叶生一二尺高，小花如狗菊，折断有黑汁出，又名胡孙头

上件，为粗末，先将香油锅内熬数沸，然后将药下入油内，同熬少时，倾出油入罐子内盛贮，微温，入柏油搅，渐冷；入猪胆又搅，令极冷。入后药：

零陵香　藿香叶　香白芷　甘松各三钱　麝香一钱

上，再搅匀，用厚纸封罐子口，每日早、午、晚四时各搅一次，仍封之。如此十日后，先晚洗头发净，次早发干搽之，不待数日，其发黑绀光泽、香滑，永不染尘垢，更不须再洗，用后自见发黄者即黑。

生香长发油

乱发_{洗净，五两}　花椒_{五钱}　零陵香_{二两}　菊花_{一两}

用香油一斤煎乱发令焦，研细如膏；再加香油一斤，同浸菊花等药，大能生发，黑而且长。

金主绿云油方

蔓荆子　没食子　诃子肉　踯躅花　白芷　沉香
附子　卷柏　覆盆子　生地黄　苓香草　莲子草　芒
硝　丁皮　防风

上件，等分，洗净晒干，细锉，炒黑色，以绵纸袋盛入罐内。每用药三钱，香油半斤浸药，厚纸封七日。每遇梳头，净手蘸油摩顶心令热，后发窍，不十日秃者生发，赤者亦黑。妇人用，不秃者发黑如漆；若已秃者，旬日即生发。

倒梳油方

　　鸡头子皮　柿皮　胡□　石榴皮　百药煎　马矢_{即马粪}　五倍子_{以上同浸油}

　　上，等分为末，瓷合贮，埋马矢中七七日，入金丝矾少许，以猪胆包指蘸捻之。

掠头油水方

甘松　青黛　诃子　零陵香　白及

上，为细末，绢袋盛浸油，或浸水用，亦妙。

浸油治头风并脱发

柏子仁半斤　白芷　朴硝各半两　诃子十个，炮

零陵香　紫草　香附子各一两

上，为粗末，香油一斤，生铁器盛，逐日用之。

治女人病后眉毛不生方

乌麻花七月取

阴干为末，用生乌麻油敷之，即生。

面
部

杨妃令面上生光方

密陀僧如金色者一两

上，研绝细，用乳或蜜调如薄糊，每夜略蒸带热敷面，次早洗去。半月之后面如玉镜生光，兼治渣鼻。唐宫中第一方也，出《天宝遗事》。

又方令面手如玉

杏仁一两　天花粉一两　红枣十枚　猪胰三具

上，捣如泥，用好酒四盏，浸于磁器。早夜量用以润面手，一月皮肤光腻如玉。冬天更佳，且免冻裂。

太真红玉膏

杏仁去皮　　滑石　　轻粉各等分

上，为细末，蒸过，入脑、麝各少许，用鸡蛋清调匀，早起洗面毕敷之。旬日后色如红玉。

赵婕妤秘丹令颜色如芙蓉

落葵子不拘多少

洗净蒸熟，烈日中晒干，去皮取仁细研，蜜调。临卧敷面，次早用桃花汤洗去，光彩宛如初日芙蓉。

金国宫中洗面八白散方

白丁香　白僵蚕　白附子　白牵牛　白芷　白及
白蒺藜　白茯苓

上，八味，入皂角三定，去皮弦，绿豆少许，共
为末。早起洗面常用。

洗面妙方

猪牙皂角_{四两}　白僵蚕_{三钱}　白附子_{三钱}　藿香_三_钱　密陀僧_{五钱}　山柰_{五钱}　白芷_{五钱}　麝香_{少许}　白茯_{五钱}

每日清早洗之，酒调涂，能去雀斑。

洗面方

丁香五钱　肥皂角五十锭，去皮、核　零陵香　檀香
茅香　藿香　白术　白及　白蔹　川芎　沙参　防风
藁本　山柰　天花粉　木贼　甘松　楮桃儿　黑牵牛
白僵蚕炒　香白芷各一两　绿豆五升，汤泡一宿，晒干

上，为细末，每日洗面用，治面上诸般热毒风刺，
光泽精神。

涂面药方

白附子　密陀僧　茯苓　胡粉各一两　桃仁四两
香白芷半两

上件为细末，用乳汁临卧调涂面上，早晨浆水洗，
十日效。

敷面桃花末

仲春，收桃花阴干为末，七月七日取乌鸡血和之，涂面及身，红白鲜洁，大验。

七香嫩容散

黑牵牛十二两　皂角四两，去皮，炒　天花粉　零陵香　甘松　白芷各二两　茶子四两

上，为细末，洗面或洗浴时，蘸药擦之。

玉容方

黑牵牛四两　白芷　甘松　川芎　藿香　藁本各五钱　零陵香　天花粉一两　细辛　檀香五钱　胶珠二钱五分　猪牙皂角二两　楮实二两　茅香五钱

上，为末，洗面常用。

容颜不老方

一斤生姜半斤枣，二两白盐三两草，丁香沉香各五钱，四两茴香一处捣。煎也好，点也好，修合此药胜如宝。每日清晨饮一杯，一世容颜长不老。

好颜色

以百花上露饮之。

又方

以井华水研朱砂服之。

益容颜

以小麦苗作汁吃。

解面黑

或甘草煎汤，或红枣煎汤，或乌龙尾煎汤。

梨花白面香粉方

官粉十两　密陀僧二两　轻粉五钱　白檀二两　麝香一钱　蛤粉五钱

前三项先研绝细，加入麝香，每日鸡子白和水调敷，令面莹白，绝似梨花更香。汉宫第一方也。

桃花娇面香粉方

官粉十两　密陀僧二两　银朱五钱　麝香一钱　白及一两　寒水石二两

共为细末，鸡子白调，盛磁瓶蜜封，蒸熟，取出晒干，再研令绝细，水调敷面，终日不落，皎然如玉。

秘传和粉方

官粉十两　密陀僧一两　黄连五钱　白檀一两　蛤
粉五两　轻粉二钱　朱砂一钱　金箔五个　脑麝各少许

上，为末，和匀用。

常用和粉方

好粉一两　白檀一钱　密陀僧一钱　蛤粉五钱　轻粉二钱　脑麝各少许　黄粉二钱五分，水淘，置纸上干　白米粉子二钱

上，为末，和匀用。

麝香和粉方

官粉一袋，水飞过　蛤粉白熟者，水碾　朱砂三钱　鹰条二钱　密陀僧五钱　檀粉五钱　脑麝各少许　寒水石粉和脑麝同研　紫粉少许，轻重用之

鸡子粉方

鸡子一个，破顶去黄，只用白，将光粉一处装满，入密陀僧五分，纸糊顶子，再用纸浑裹水湿之，以文武火煨，纸干为度，取出用涂，面红自不落，莹然如玉。

唐宫迎蝶粉方

粟米随多少，淘涤如法，频易水，浸取十分洁，倾顿瓷钵内，令水高粟少许，以薄绵纸盖钵面，隔去尘污，向烈日中曝干，研细为末。每水调少许，贮器，随意用。将粉覆盖熏之，媚悦精神。

瘢痣部

洗面去瘢痕方

茯苓二两，去皮　天门冬三两　百部二两　香附子二两　瓜蒌二个　茨菰根五两　冬瓜子半斤　甘草半斤　杏仁二两　皂角二斤，酒涂炙　清胶四两，火炙　大豆十两，蒸去皮　益丹子一斤，烧灰，用将末、水和成丸

上件，和合焙干，捣罗为末，早晨如澡豆末用，其瘢自去。

去诸斑方

猪牙皂角_{三钱}　大皂角_{三钱}　山柰_{五钱}　甘松_{五钱}
细辛　槟榔_{取末}

美人面上雀子斑方

白梅_{五钱}　樱桃枝_{五钱}　小皂角_{五钱}　紫背浮萍
_{五钱}

共为末，炼蜜丸如弹子大。日用洗面，其斑自去，
屡验。

治面上黑斑点方

　　白附子　白及　白蔹　白茯苓　密陀僧　定粉_以
上各等分

　　上，为细末，洗面净，临卧用浆水调涂之。

治美人面上黑默如雀卵色方

白僵蚕二两　黑牵牛二两　细辛一两

上，研细末，炼蜜为丸，如弹子大，日洗数次。
一月其斑如扫。此南都旧院亲传验方。

治面皯方

白附子为末，酒调。

又方

杏仁用酒浸，皮脱，捣烂，绢袋盛拭面。

又方

鸡子二个，酒浸密封四七日，取以敷面，其白如玉色之光润。

治美人面上黑痣方

藜芦灰五两

用滚汤一大碗淋灰汁于铅器中，外以汤煮如黑膏，以针微拨破痣处，点之，不过三次，痣即脱去。

去粉痣

益母草_{烧灰}　鹦条石_{各等分}

上，和匀调敷。

治美人面上粉刺方

益母草_{烧灰，}_{一两}　肥皂_{一两}

共捣为丸，日洗三次，十日后粉刺自然不生。须忌酒、姜，免再发也。

治粉刺黑斑方

五月五日，收带根天麻白花者、益母紫花者。天麻晒干烧灰，却用商陆根捣自然汁加酸醋作一处，绢绞净，搜天麻作饼，炭火煅过，收之半年方用，入面药尤能润肌。

治面上酒渣粉刺方

硫磺　白矾　白附子　密陀僧各一钱　白芨

上，为细末。用猪爪一只，水三杓，熬成稠膏，去渣，以布滤过，入药末。每夜取一指于掌心，呵融搽之，不过六七日见效。

治妇人酒渣鼻及鼻上有黑粉痣

生硫磺五钱　杏仁二钱　轻粉一钱

上，为末，每晚用酒调和，敷搽鼻上，早则洗，数次绝根。

去靥涂面方

　　轻粉五分　朝脑五钱　朱砂　川粉　山奈　鹰粪

干胭脂各一钱

　　以上为细末，唾津涂调搽面。

取靥五灰膏

桑柴灰　小灰　柳柴灰　陈草灰　石灰

　　上件，五灰用水煎浓汁，入酽醋点之，凝定不散
收贮。

夜容膏治䵟风刺面垢

白芷　白牵牛头末　玉女粉　密陀僧　鹰条　白檀　白茯苓　白豉　白丁香　白及

上，各等分，为细末，鸡清和为丸，阴干，每用唾津调搽面，神效。

青楼美人时疮后面上有靥痕方

人精二钱　鹰屎白二钱

和匀，加蜜少许，涂上二三日，即光，亦可治瘢。

美人面上忽生白驳神方白驳似癣非癣，

皮渐生白，无药可治

鳗鲡鱼脂火炙出，一两

先拭驳上，刮使燥痛，后以油涂之，神效。

治美人面上皱路方

大猪蹄四枝，洗净

煮浆如胶，临卧时，用涂面上，早以浆水洗之。半月后，面皮细急如童女。

又妙方

麋角二两

用蜜水细磨如糊，常用涂面，光彩照人可爱。

唇齒部

治冬月唇面皱裂方

用猪脂煎熟，夜敷面卧，远行野宿不损。

治冬月唇干折出血

用桃仁为细末，猪脂调敷。

常用白牙散

石膏四两　香附一两　白芷　甘松　山柰　藿香
沉香　零陵香　川芎各二钱半　防风五钱　细辛二钱五分

上，为末，每日早晨常用。

治女人齿黑重白方

松节烧灰，一两　软石膏一两

研末频擦，一月雪白。须忌甜酒、大蒜、榴、枣、
蜜糖。

乳
部

妇人无乳

通草三钱　穿山甲炒成珠，为末，一分二钱半

雄猪前蹄，煮烂去肉煎药，先服肉，次药。

女人乳无汁方

天花粉二钱

滚汤调服，日二进，夜汁流出。外用京三棱煎汤洗。

女人乳肿神方

杨柳根皮四两

水熬烂，温熨肿处，一宿愈。

又方

马溺，涂之立愈。

治乳毒

葫芦芭焙燥为末，一两　白芷三钱　乳香　没药各钱

无灰酒调服。

治乳痈

虾蟆皮 <small>初服七株，次服倍用</small>　青桑头 <small>初服七枝，次服倍用</small>

上，二物一处研细，冬则用根，酒解随量饮；其渣加蜜于中，敷乳上，即用草芎、白芷、荆芥煎汤薰洗。每服药一次，即洗一次。如未效，以龙舌草即蔓尾草、忍冬藤二件，研细蜜调敷，仍服托里散。如毒已结了，先用桐油调盐搽了，用后药：

水枝叶　黄花草即金钱花　水苋　青桑头

上，细研，蜜调敷之。

又方

九牛叶一握，研细酒调服，滓敷乳上，即效。

又方

鼠粪两头尖者，一合

　　收干铜杓焙燥，以麻油小半盏拌匀，再焙干，约
手捻得开，用无灰酒调，作二次服之，出脓即收口矣。

又方

雄黄一钱　木梳内油腻二钱

上糊为丸，雄黄为衣，好酒送下，立效。

又方不拘内吹,外吹,但囊烂不尽者治

桑黄

上，一味，为末，好酒送下，取微汁为率。不愈
再服，三日一服。

又方

贝母_{去心}

上，一味，为末，每日空心酒送下二钱，日一服，最忌色欲。

妇人奶岩久不愈者

桦皮　油核桃俱烧存性　枯矾　轻粉少许

上，香油调敷。

身体部

汉宫香身白玉散

白檀香_{一两}　排草_{交趾真者，一两}

上，为细末，暑月汗出，常用敷身，遍体生香。

涤垢散

白芷二两　白蔹一两五钱　茅香五钱　山奈一两　甘松一两　白丁香一两　金银茶一两　干菊花一两　辛夷花一两　羌活一两　蔷薇花一两　独活一两五钱　天麻五钱　绿豆粉一升　石碱五钱　马蹄香五钱　樱桃花五钱　雀梅叶五钱　鹰条五钱　麝香五钱　孩儿茶五钱　薄荷叶五钱

上，共为细末，以之擦脸、浴身，去酒刺、粉痣、汗斑、雀斑、热瘰，且香气不散。

透肌香身五香丸

治遍身炽腻，恶气及口齿气。

丁香　木香各一两半　藿香叶三两　零陵香三两
甘松三两　白芷　香附子　当归　桂心　槟榔　麝香半
两　益智仁一两　白豆蔻仁二两

上件为细末，炼蜜为剂，杵一千下，丸如梧桐子
大。每嚼化五丸，当觉口香。五日身香，十日衣香，
二十日他人皆闻得香。

利汗红粉方

滑石一斤，极白无石者佳，研细用水飞过，每一斤配后药　心红三钱　轻粉五钱　麝香少许

上件研极细用之。其粉如肉色为度，涂身体利汗。

挹汗香

丁香一两

上，为细末，以川椒六十粒擘碎和之，以绢袋盛佩之，绝无汗气。

洗澡方

干荷叶二斤　藁本一斤　零香草一斤　茅香一斤　藿香一斤　威灵仙一斤　甘松半斤　白芷半斤

上，锉粗末，每用三两或五两，以苎布袋盛，悬锅内煮数沸，用水一桶，避风处浴洗，能凉皮、香皮、住痒。

洗浴去面上身上浮风方

煮芋汁洗，忌见风半日。

治女人狐臭方

乌贼鱼骨三钱　枯矾三钱　密陀僧三钱

上，为末，先用清茶洗胁下，后以此末擦之，
屡验。

治狐臭方

以白灰用隔一二年陈米醋和，敷腋下。

又方

用密陀僧入白矾少许为细末，以生姜自然汁调，搽腋下，悉更去旧所服衣，七日后，以生姜汁水调方寸匕食之。

治女人下部湿癣神方

芙蓉叶不拘多少阴干

研绝细末，先洗癣净，略用沥油涂之，后糁药末
于上，二三次即结靥，妙不可言。

治白癜风方

生姜蘸硫磺于上，擦之即愈。

女人面上及身上紫癜风方

硫磺_{醋煮一日，一两} 海螵蛸

上，为末，浴后以生姜蘸药擦患处，须谨风少时，数度断根。

治针入皮肤方

不问远年近日，酸枣烧灰存性，温酒送下，在上食前服，在下食后服，觉额痒即从原入处出。

衣香方

　　零陵香　茅香各三两　　山奈子半两　　木香一钱　　大
黄　甘松　白芷　牡丹皮　丁香四十九粒　　松子　樟脑
一钱五分

　　　　上，锉碎用之。

又方

甘松　山柰　细辛　辛夷　小茴　大茴　藁本
官桂　白芷梢　细豆　茅香　丁香　木香　樟脑　檀
香　麝香　大黄　羌活　藿香叶

上件为细末后入脑、麝佩带，妙。

又方

茅香四两　零陵香二两　甘松一两　山奈三钱　木香七钱　檀香五钱　牡丹皮　藁本五钱　白芷　千金草　台芎　独活各二两　辛夷三两　大黄一两　丁皮五钱　官桂五钱

上，为细末，连包裹用之。

梅花衣香

零陵香　甘松　白檀　茴香微炒各半两　丁香五钱

木香一钱　脑、麝各少许

上，依常法用之。

薰衣香

丁香　笺香　沉香　檀香　麝各一两　甲香三两

上，为末，炼蜜湿拌入窨一月。

又方

玄参半斤，水煮再用，炒干　甘松四两，净　白檀二钱，炒　麝香　乳香各二分半，研入

上，为末，炼蜜丸如弹子大。若用薰衣，先以汤一桶置薰笼下，以衣覆上，令润了，却便将香自下烧则衣气入也。

熏衣笑兰香

藿苓松芷木茴丁，茅赖樟黄和桂心，檀麝桂皮加减用，酒喷日晒绛囊盛。

上，制法：苓苓香以苏合油揉，调匀，松茅酒洗，三赖米泔浸，大黄蜜同蒸，麝香逐裹表入。若薰衣加僵蚕，常带加白梅肉。

熏衣除虱

用百部、秦艽捣为末，依焚香样，以竹笼覆盖放之。

洗衣香

牡丹皮一两　甘松一钱

上，捣为末，每洗衣最后泽水人一钱。

敷衣香粉

　　青木香　麻黄根　英粉　甘松　附子炮　零陵香
藿香各等分

　　上，为末，浴罢以生绢袋盛，遍身扑之。

手足部

寒月迎风令手不冷方

以马牙硝为末，唾调涂手及面上。

女人冬月手指冻裂方

白及不拘多少

上，为细末，调涂裂处妙。

又方

羊、猪髓、脑涂，亦妙。

又方

大黄水磨敷上，亦妙。

天下第一洗手药

又腊后买猪胰脂愈多愈佳，剁极细烂，入花腻拌之；再剁，搓如大弹子，压扁，悬挂当道通风处待干。每用少许如肥皂用。

香肥皂方

洗面能治靥点风刺，常用令颜色光泽。

甘松　藁本　细辛　茅香　藿香叶　香附子　山奈　零陵香　川芎　明胶　白芷各半两　楮实子一两　龙脑三钱另研　肥皂不蛀者，去皮，半斤　白蔹　白丁香　白及各一两　瓜蒌根　牵牛各二两　绿豆一升，酒浸为粉

上件，先将绿豆并糯米研为粉，合和入朝脑为制。

女子初束脚苦痛难忍方

川归一钱　牛膝一钱

水一盏，煎六分，加酒少许，空心服，令血活；外用荞麦杆煮浓汤，入枯矾少许浸之，数次痛定。

女儿拐脚软足方又名西施软骨方

乳香　杏仁　朴硝　桑白皮各二两

上，先以桑白皮、杏仁投新瓶中，投水五碗，煎去小半，却入余药，紧挂瓶口，再煎片时，持起揭去挂，处架足，于其上熏之，待可容手，倾出，浸毕仍旧收贮。经三两日后，再温热如前法熏洗。每剂可用三次，尽五剂则软。若束绵任其扎缚，神效。

宫内缩莲步法

荞麦杆不拘多少，烧灰，用热水淋取浓汁如醈醋色方可
用 白茯苓 藁本 硇砂各等分

上，为细末，每用三钱，煎汁三大碗，于砂锅内
同煎数沸，乘热常常洗脚，浸涤至温，又添热者，浸
涤不过数次，自然柔软易扎矣。或为脚面生小疮，勿
疑，乃是毒气出耳。却以诃子研为细末，敷之即瘥。
此方出于至人，神妙之甚，不可尽述，三十岁亦可
为之。

玉莲飞步散

煅石膏五钱　　滑石一两　　白矾少许

　　上件为细末，专治脚趾缝烂瘙窝侈粘清，有妨扎缚。每用干掺患处立验，阴汗尤妙。

金莲稳步膏

黄柏　黄连　荆芥穗　黄丹各等分

上方为细末，专治阚甲痛不可忍及脚指缝肿烂，不容包束，少许干掺患处，神效。

又方

地骨皮同红花烂研极细，如鸡眼痛处敷之，成疮者即结靥。

金莲生香散

黄丹一两　　甘松五钱　　枯矾一钱

共为细末，五六日一洗，敷足指内，转秽为香，
绝妙。黄丹一味亦妙。

鸡眼

荸荠

上，捣烂敷患处，以绢缚上。

女人脚上鸡眼肉刺痛方

黄丹　枯矾　朴硝各等分

上，为末，若剪伤者用炒葱白涂之即愈，神效。

治石瘤肉刺方

茛菪根上汁，涂痛处立止。

治阚甲方

胡桃皮烧灰贴之，立愈。

又方

乳香禾糁之，血竭尤妙。

远行令足不茧疼方

防风　细辛　草乌　一方用藁本

上，为细末，糁鞋底，草履则以水沾之。

治足冻疮

以腊月鸭脑髓涂疮，即愈。

治足冻疮方

以秋茄树根煎，温洗。

阴

部

女子初嫁阴中痛方

海螵蛸烧末，空心酒调一钱，日进二次，即愈。

又方

川牛膝五钱

用酒半盏、水半盏，煎六分，空心顿服；外用青布包炒盐熨之，即愈。

女人交接苦痛出血方

桂心三分　伏龙肝一钱

共为细末，空心温酒调服，性热者不宜。

又洗方

黄连六钱　牛膝　甘草各四钱

共用水二碗，煎洗之，日三度。

女人交接阳道壮大及他物伤犯血出淋沥不止方

釜底墨　葫芦汁

和匀敷之，或发灰、青布灰、鸡冠血敷，俱妙。

女人阴中肿痛或生疮方

黄连二钱　龙胆草一钱　柴胡一钱　青皮三分

水一盏，煎，空心顿服。肿甚加大黄一钱，忌酒并辣物。有孕除大黄。

又阴中肿痛妙方

白矾二钱　甘草二钱　大黄二钱

为末水调，搓作长条，用薄绵裹阴中；外用菊叶煎汤洗，大马鞭草捣烂涂之，日两度即效。

又方

铁精粉敷之。

女人玉门肿痛洗方

艾叶五两　防风三两　大戟二两

煎汤日洗三次即愈。

阴肿燥痒

桃仁去皮不去尖

上，捣烂如泥敷之。

女人阴痒方

大黄一钱　黄芩一钱　黄芪五分　赤芍一钱　玄参
七分　丹参五分　黄连五分　青皮三分

为末，白酒调，每次一钱，空心服。有孕除大黄。

又阴痒神方

杏仁五钱　　麝香一分

上为末，绢袋盛，烘热纳阴中，痒即住，神效。孕忌麝香，莫用。

女人阴痒不可忍方

车前草四两

水五盅，煎汤薰洗。洗后用鲫鱼胆内外涂之即住。

女人阴中有虫痒不可忍

猪肝一片，三寸长

炙香纳阴内，少须，虫随肝出。

又阴中如虫行方

桃叶或仁，二两

生捣碎，绵包外用。桃叶汁浸过，纳阴户中即安。
有孕忌用。

女人阴蚀方

狼牙_{三两}

煎浓汤，入苦酒一杯，以绵蘸汤入阴户，四五次即愈。

又阴被虫蚀渐上至小腹内痒方

枯白矾_{不拘多少}

上，为末，空心白酒调三分，日二进，其虫尽死，从小便出。

女人阴门忽生鸡冠肉或瘭方

龙胆泻肝汤加大黄一钱即消。

洗阴户疳疮方

苦参　荆芥　防风　蒺藜　羌活　蛇床子

先煎汤洗净，次用鲫鱼胆搽之，立效。

女人阴中冰冷方气血虚也

蛇床子二钱　　五味子二钱　　丁香二钱　　桂心二钱

上，为末，用绢作小袋，纳阴中。若虚怯者，服八物汤，加桂半分，数服温暖。

洗宽方

石榴皮　　菊花各等分

上，为细末，水一碗，煎至七分，洗阴户如童女。

女人过忍小便致胞转方此病有致死者

滑石末

葱汤调下二钱妙。

又方

滑石　寒水石　葵子各二钱

煎服即利。

又方

包茶箬叶_{烧灰}　滑石

沸汤调二钱，亦妙。

睡中遗尿

用燕窠中草土为末，不语而食之。

省溺此女人出外之良方

生银杏七枚，食之，则终日不欲解。

女人阴毛生虱方即八脚子也

生白果研烂，擦之愈。

又方

百部汤洗亦妙。

治阴毛中生异虱

用银杏捻碎，揩擦即绝其根。

经
血
部

治女人经次不行

经年积血在关元，昼夜停深不得眠，青皮乌药姜香附，莪术三棱方得全姜即干姜也。

治女人经次不调

条芩一两，切作片子，老酒昼晒夜浸，三昼夜捞出，晒干

为极细末，待经来二日，服之五分，无灰老酒送下，第三日服之一钱。

治血淋

阿胶二两麸炒　猪苓　滑石　泽泻各一两　赤茯苓
一两　车前子五钱

上咀，每服三钱，白水煎，五更早服。

血崩

兔头一个

上，烧灰为末，好酒调下。

女人血崩不止方此名一笑散

新绵一口

上，烧为末，空心白酒调下，立止。

赤白带下

白芍二两　干姜五钱

上，为末，每服三钱，米饮下。二服一日，忌生冷。

妇人白带

羊眼豆花拘多少，紫花不用

上，为末，酒下或炒米煮饮调末二钱，入炒盐少许，空心数服即效。

又方

白鸡冠花阴干

上，为末，空心酒下。

胎
部

女人无子秘方

正月雨水

夫妻各饮一杯合房，当时有子，简易屡念，价值百金。

女人妊娠小便不禁方

桑螵蛸十二枚

上，为末，分作二服，米饮下，立住。

治有孕咳嗽

贝母去心，麸皮炒令黄

上，麸皮为末，研砂糖拌匀，丸如鸡头大，含化，神效。

胎动

砂仁

上，捣烂煎汤，服之即定。

治触动胎气腹痛下血

缩砂不拘多少，于熨斗内炒透，去皮取仁

上，研为末，每服二钱，热酒调下。

治胎漏

葱白一把

上，浓煎汁饮之，甚效。

治死胎产母寒战便是

鱼胶黄干者三钱，炒黄研末　麝香三分

上，为末，以好酒送下。酒用铁炉烧红，置碗中，浇热。

治下死胎

麝香五分，另研　官桂末三钱，和匀

上，作一服，温酒调下，须臾如手推下。未下再服。

又方

儿印不以多少，黄色者去毛

上，研为末，每服二钱，酒一盏，煎八分，通口饮，立效如神。

治横逆手足先出或子死腹中

用灶中心对锅底下土，细研。每服一钱，酒调。

横生倒养

葱七茎

上，葱七茎，只将六茎捣烂，一茎不捣。煎汤入桶内，令产妇跨坐，将那一茎不捣的吃下，立生。

治逆生须臾不救母子俱亡

蛇壳一条　蝉壳十四个　头发一握

共烧为灰，分二服，酒调，并进二服，仰卧，霎时或用小绣针于小儿脚心刺三、七刺，用盐少许擦刺处，即时顺生，母子俱活。

催生丹

五月以前老鼠，取阴子，去皮膜和末，研捣烂，为丸如黄豆大。临产时，以温酒送下。男左女右，捻药产出，神效异常。

兔脑催生丹

十二月兔脑_{去膜，研如泥}　通明乳香_{一钱，研细}　母丁香_{一钱，为末}　麝香_{一钱，研细}

上，以乳、麝、丁香拌匀，入兔脑髓和丸鸡豆大，阴干油纸密封固。临产服一丸，温水送下，立产。男左女右，手中握之而出，即效。

胞衣不下

半夏　白蔹各一两

上，为末，每服一钱，难产一服，横生二服，倒生三服，儿死四服，神效。

又方

草麻子十四粒，去壳

上，捣烂，以白面和成膏，贴脚心，胞衣下，速洗去。如肠出，即以此药涂顶心，回肠即效。

女人产后玉门不闭方

石灰一斗

用石灰于锅中炒令黄色，以水二斗，投入灰中，放冷澄清去灰。再用暖过，将玉门坐温汤中，以手掬洗，须臾门敛。

又方

白矾　瓦松　石榴皮

煎汤洗之。

女人产后肠脱不收方

香油五斤

上，炼熟，以盆盛候温，却令产妇坐油盆中。半饷吹皂角末鼻中，令妇作嚏，其肠立上。

治产后子肠出不能救者

枳壳去穰，二两

上，煎汤，温浸良久，即入。

女人产后小便不禁方

鸡屎烧灰

上，为细末，空心酒调一钱，即住。

女人产后遍身如粟粒热如火方

桃仁二两

上，研烂，用猪脂调敷。日敷三次，粟退热除。

女人产后血晕筑心眼同风缩欲死方

荆芥穗末二钱

以童便调下。

治产后血晕，心闷气绝，腹内恶血不尽绞痛

用红花酒煎，或以藕汁，二次饮之效。

怪异部

女人梦与鬼交方

鹿角末

用三指一撮，和清酒，空心服一盏即出鬼精，神妙。

女人被精怪迷方

苍术不拘多少

上，为末，酒调，空心服一钱，当有妖怪之精泄出。平胃散亦妙。

洗
练
部

洗珍珠法

用乳浸一宿，次日以益母草烧灰淋汁，入麸少许，以绢袋盛珠轻手揉洗，其色鲜明如新，忌近麝香，能昏珠色。

洗油浸珠

用鹅鸭粪晒干，烧灰，热汤澄汁，绢袋盛洗。

洗焦赤色珠

以搋子皮，热汤浸水洗，研萝卜淹一宿，即洁白。

洗赤色珠

以芭蕉水洗，兼浸一宿，自然洁白。

洗犯尸气珠

以一敏草煎汁，麸炭灰揉洗洁净。

洗玳瑁鱼鮀法

用肥皂采冷水洗之，以清水涤过，再用淡盐水出色为妙。最忌热水。

洗象牙等物

用阿胶水浸洗，刷之，然后以水洗涤。

又方

水煮木贼，令软掇洗，以甘草水涤之为妙。

又方

浅盆贮水，安牙物浸之，置烈日中晒，须三五日，候莹白为度。

洗簪梳上油腻法

新瓦盛，新石灰以油渍物挥灰中，烈日曝之，翻渗去油候净，洗之为佳。

洗彩衣

凡洗彩色垢腻，用牛胶水浸半日，然后以温汤洗之。

又法

用豆豉汤热摆油去，色不动。

洗皂衣

用栀子浓煎水，洗之如新。

洗白衣法

蔻豆稿灰，或茶子去壳洗之，或煮萝卜汤，或煮芋汁洗之，皆妙。

又方

取白菖蒲，不犯铁，用铜刀薄切，晒干，为末。欲净衣服，先以末于盆中，搅水后，将衣服只可摆少时，垢腻自脱落白净，胜如皂角汤洗。

洗罗绢衣

凡洗罗绢衣服，稍觉有垢腻者，即摺置桶中，温皂角汤洗之。移时频频翻覆，且浸且拍，觉垢腻去尽，却别过温汤，又浸又拍，不必展开，即搭于竹竿上。候水滴尽，方将展开而晒之，不浆不熨，候干，摺拍藏。

洗毛衣

用猪蹄爪煎汤，乘热洗之。

洗麻衣

用大蒜捣碎，擦洗尘处即净。

洗焦葛

用清水揉梅叶洗焦葛衣，经夏不脆。

又方

用梅叶捣烂洗之，垢腻易脱。

洗梅蒸衣

用梅叶洗之。

洗黄草布

以肥皂水洗，取清灰汁浸压，不可揉洗。

洗竹布法

凡衣服，惟竹布不可揉洗，揉则随手断裂，须是摺叠聚，只用隔宿米泔浸半日，次用温水淋，以手压干晒之，则垢腻皆可尽去。

洗苎布法

梅叶捣取汁，以水和浸布，后用清水漂之，带水铺净地晒干。未白再浸再晒。

洗糨铁骊布法

擂松子肉洗则滋润不脆。糨时入好末茶少许，或煎茶卤搽色，入香油一滴，薄糊糨之。

糨木绵布法

银杏研，入粉糨之，即不吸损绵绢。

浆衣法

用新松子去壳细研，以少水煮热，入浆内，或加木香同煮，尤佳。凡浆，以熟面汤调生豆粉为之极好，若用白土，夹浆垢腻汤洗。

洗墨污衣法

嚼酸枣洗之，妙。

又法

半夏为末，和水洗之，妙。

又法

急用银杏去膜嚼破揉污处，用新汲水浣之即去。

又法

嚼杏仁亦妙。久污则揉浸，少须洗之，无痕。

又方

黑牵牛一钱　草果　白芷各五分

上，为末，牙刷蘸，带湿洗即脱。

衣上墨污

厚酱擂碎涂污处，半日许，沸汤洗之，即去。

洗青黛污衣法

细嚼杏仁，涂于其上，用水洗之为妙。

洗油污衣

羊筒骨，烧灰，入滑石末、海螵蛸，和匀掺污处，用厚纸隔熨斗盛火熨之。

又方

石灰二三升，锅内炒热，将油污处于灰内摆洗，随即脱去。虽锦绣亦不作迹。

洗油污衣法

用蜜洗之妙。

又法

即用葱白汤入瓶内，以汤瓶嘴注所污处，用人紧崩开衣服，以污去为度。更不得用手揉洗，自然如故。

又法

嚼萝卜吐于其上，擦之即去，无迹。

又法

白滚汤泡紫苏摆洗，妙。

又法

泡牛皮胶汤乘热洗之，妙。

又法

海螵蛸　滑石各等分

上二味为末,掺而熨之。

又法

用白墡土为末,掺少许,轻揉油随去,无迹。

又法

用荞麦面铺上下，用纸隔定，以熨斗熨之，无迹。用米糠熨之，亦妙。

衣上污油

煮酒洗之，即去。

洗干红衣为油污法

用酸浆和皂角洗，干，滴少麻油揉之，其色不陈。

洗红蓝衣为油污法

用豆豉汤热摆油去，其色不动。

真紫绌污油

山炭灰泡汁，乘热摆之，油自去。水晒干，不可经手，绝无痕迹。

洗漆污衣

用油洗，或以温汤略摆过，细嚼杏仁揉洗，又摆之，无迹。或先以麻油洗去，用皂角洗之，亦妙。

洗血污衣

用冰水洗即净。

洗疮口脓污衣

用牛皮胶洗之。

洗粪污衣

用粪衣服埋土内一伏时，取出洗之，则无秽气。

洗黄泥污衣

以生姜搓过，用水摆去。

洗蟹黄污衣

用蟹中腮煮之即去。

洗牛油污衣法

嚼粟米洗之。

洗羊脂污衣法

用石灰淋汤洗之。

洗垢腻污衣法

用灰汁浣衣洁白如玉。

又法

茶子去壳捣烂洗，甚妙。

又法

豆稿灰洗衣，绝妙。

洗垢腻衾法

于霜夜，先铺禾藁于地上如衾像样，将火烧之成灰。来早，霜铺其上，覆以衾，候日晒，霜溶，其垢自脱。来日翻转，再覆其上，两面皆去。

洗衣上蒸斑

灰苋烧灰淋汤洗，即去。

青纻系上日久积垢光滑

慈母竹茹揩擦，自然洁净如故。

藏贮部

收翠花朵法

用汉椒不拘多少杂盒中收贮，妙。

又方

用茱萸相杂藏之则不生蛀，亦要勤取晒之。晒背不晒面，宜防猫，藏处又防蚁。

藏真红衣裳法

凡真红衣服不可近麝香，能损其色。

收毯褥等物之法

若频频晒露则蝇类遗种于中，反能速蛀，不晒则蛀愈甚，但以莽草同折摺收之，可永久不蛀。

又法

五月五日，取莴苣贮厨筐中，辟蛀虫。

又法

七月七日，收角蒿置毯褥、书籍中，辟蛀虫。

又法

九月九日，收茱萸撒置厨箧中，亦可辟蛀。

又法

青蒿子采置厨箧盛贮器物中，极能辟蛀。

又法

樟脑烧熏衣箧、毯中，可去壁虱、蛀虫。

收毯褥座等法

宜日影晒过，以细棒击其尘，有汗则取莴苣菜晒燥，逐叶擘开，铺置背面收之，可永久不蛀。

香奁润色序

夫天生佳人，雪肤花貌，玉骨冰肌，若西子、杨妃辈，即淡扫蛾眉，自然有动人处，果何假脂粉以污其真哉？是润色为不必也。然而良工必藉利器而后其事善，绘事必加五彩而后其素绚，故佳人之修其仪容，洁其服饰，譬如花之得滋，玉之就琢，而其光莹为益增，是润色又所必假矣。矧世不皆西子、杨妃辈，此予所集聊为香奁之一助耳。至若其间，疗其疾病，证其怪异，调其经血，安其胎产，皆其至要者乎。而藏贮洗练，虽为末务，要亦佳人之所必用者，其法尽为列之。当不独区区润色已也，而保摄修齐之道，盖见之此矣。惟画眉傅粉之郎，为能格焉。倘以此红粉赠与佳人，佳人将必曰：幸孔！幸孔！彼良工之利器，绘事之五彩，而又何羡乎？而胡生者玉成于人，庶几君子。

香奁润色跋

妇女秉阴，教主中馈。曰容，曰工，四德之所兼也。第川岳之所钟，未必有厚无薄，则妍媸半焉，庸淑半焉。而后人不循壶则不尚诚朴，往往效颦仿步，竞为冶容以取怜。如梅花妆、远山黛、蝉翅翠钿，殊令人嗤笑耳，岂妇女之用宜哉。然则蓬首垢面，任其疾病狼戾又不可，乃有若此帙之所列者具在，盖令人拔恶易瑕而工容兼备也。灵者诚苦心哉！不识好德之君子以为然否。

侄孙光盛谨跋

绣谱 雪宧绣谱

（清）丁佩·撰 （清）沈寿·口述 张謇·整理

中华书局

·绿·窗·红·袖·

前　言

　　韦庄《菩萨蛮·红楼别夜堪惆怅》有"劝我早归家，绿窗人似花"的句子，绿窗代称女子居所；"红袖添香夜读书"是无数书生才子的绮丽清梦，红袖自然是美女的代称。然而我们这套"绿窗红袖"无涉情感，只关注女性的才思学养，关注女性对美超乎寻常的感悟力和创造力。

　　"懒起画蛾眉，弄妆梳洗迟。照花前后镜，花面交相映。"女子不必生来惊艳，但应仪态得体，妆容精致。明代胡文焕的《香奁润色》就是专为女子美饰写的一本书，主要辑录了美容、美发、驻颜、香身等各种古方，"聊为香奁之一助"。

　　"白玉堂前一树梅，今朝忽见数花开。"花中四君子梅兰竹菊因其傲、幽、坚、淡的品性自古以来就受到文人幽士、才女名媛的钟爱。宋范成大等人撰写的《梅兰竹菊谱》便向我们展示了古人如何在与"四君子"的亲密相处和精神交流中悟到了生命之流的本质，在培梅艺兰、植竹赏菊中体验审美的存在。

　　"桂栋兮兰橑，辛夷楣兮药房。"从《楚辞》时代，花枝香草就已经被用来装饰屋栋、门楣和门庭了。汉

以后兴起的器皿插花则进一步把自然的生机和意趣引入室内。明朝高濂的《瓶花三说》初建插花艺术研究体系，它的经验是日常生活审美化的绝佳范例。紧随其后的张谦德的《瓶花谱》、袁宏道的《瓶史》，先后进行了理论提升，成为中国古典插花艺术典籍的双璧。三者在因循承续中各有千秋。

"花随玉指添春色，鸟逐金针长羽毛。"刺绣被认为是"闺阁中之翰墨"，出色的绣品完全可以"与才人笔墨、名手丹青同臻其妙"。然而古来善女红者众，为绣做谱者却罕有其人，因而《绣谱》和《雪宦绣谱》的撰刊就显得意义重大，弥足珍贵。清朝丁佩撰写的《绣谱》是我国最早的一部刺绣专著，理论上借鉴了古代绘画、书法要领，对刺绣的工艺特点、针法等进行了研究。《绣谱》侧重讨论"艺"的一面，而晚清沈寿口述、张謇整理的《雪宦绣谱》则更重视对"技"的总结，详细叙述了刺绣的用具、工序及针法的运用要领等。

优雅是唯一不会褪色的美。将日常生活审美化，生活形态清雅化，优游沉浸其中，自能释放生活的窘态，提升优雅的能力。

中华书局编辑部

2020 年 11 月

二

目　录

绣谱

绣

谱

自序

工居四德之末，而绣又特女工之一技耳。古人未有谱之者，以其无足重轻也。然而闺阃之间，藉以陶淑性情者，莫善于此。以其能使好动者静，好言者默，因之戒慵惰，息纷纭，一志凝神，潜心玩理。固不特大而施之庙堂，小而饰之鞶帨，莫不瞻黼黻之光，得动植之趣也。至于师造化以赋形，究万物之情态，则又与才人笔墨、名手丹青同臻其妙。顾习之者因无成法可宗，难究其趋，辄复厌而弃去，何惑乎工于此艺之罕觏其人哉！

三

佩少居三泖，长适双溪，问安视膳之余，主馈调羹之暇，辄复拈针理线，乐此不疲。兹即管见所及，以至习俗之所不得不革者，凡得若干条，厘为二卷，倘蒙海内针神绣女有以诲其不逮，斧藻成篇，或亦女红之一助云尔。

道光辛巳乞巧前一日，归颍川步珊丁佩识于霅娄官舍。

例言

一、刺绣古无成书，兼之闺阁见闻浅隘，偶有所得，亦第师心自用而已，挂一漏万，难免贻讥。是在慧心人触类旁通，即以此为秕糠之导可耳。

一、是编专指刺绣而言，他如结子、铺绒、盘金、穿纱之类，偶一及之，理本相通，无烦枝缕。

一、绣事惟选样为尤要。原拟博采图式附于篇末，第思四方风气不同，好尚亦别。金针度与，岂能执形迹以求哉？故复删除，俾归简易。

一、是编因绣余清暇，偶尔濡毫，积久辄成篇帙，未敢出以示人。近因鸳湖金听秋太夫人暨武林沈湘佩女弟驰书见索，词意甚殷，势难藏拙，各寄一册。辽东白豕，得无掩口胡卢耶。

择地第一

艺之巧拙因乎心，心之巧拙因乎境。诚使窗明几净，虽拙者亦为之改观；室暗灯昏，虽巧者亦失其故步。而且事迫则潦草堪嗤，境嚣则精神不聚，凡艺皆然，而况辨优绌于微茫、争得失于毫末者乎？故刺绣必以择地为最要也。

闲

书画皆可以乘兴挥洒，绣则积丝而成，苟缺一丝，通幅即为之减色，故较他艺尤难，断无急就之法。或因事冗而求其即成，或因人杂而冀其速就，安有心如棼丝而能井井不紊者乎？故其境闲，而后其心亦闲。百虑悉屏，神知自生，固未可率尔拈针也。

静

　　《诗》之美后妃，曰"幽闲贞静"。闲与静为女子之美德，而刺绣者尤当首及也，故继闲而论静。静则其志专，而心无物扰；静则其神定，而目无他营。试观瞽者必聪，聋者必明，遂知五官不能并用。必凝注于一，而后能运灵明于针与指之间，辨其出入、疏密、浓淡、浅深，庶无毫发之憾。今使置身于喧哗纷逐之场，虽灵芸复出，其能收视返听，而作一花一叶否耶？

明

择地必先择爽朗之区，秋毫必察，而后物无遁形。然所以必求其明者，人皆知之；而所以用其明者，人或略焉。盖室虽明矣，使或向阳而坐，反致炫耀，且损目光，况持手绷必稍向上，亦复易于遮蔽。惟背明而坐，则光明悉照于掌握之间，自然了了。故如窗在左，坐宜向右，窗在前，坐宜向后，此一定之诀也。如用绷，则斜坐亦可。

洁

　　纨绮有浣濯之方，图画有遮饰之法。绣则稍有不洁，即致昏黯无色，既不能浣，亦无可遮。故室中必先洒扫极净，床几以及应用之物皆使不染纤尘，然后绣成乃如出水芙蕖，自有一种鲜艳之色。否则十指莹然，旋涤旋涴，初不知尘垢之所由来也。

选样第二

绣工之有样，犹画家之有稿，其格局布置，即一成而不可易者也。此处最宜斟酌。成式或失之巧，而于理未安；或失之庸，而于势不足；或过于繁，剪裁乏术；或过于简，枯寂无情。须求其秾纤修短，处处合宜，而又必丰韵天然，栩栩欲活，方可入选。使昧昧求之，不特样不入时，且恐画虎成犬矣。

审理

　　万物惟一理耳，而一物具一物之理，乃有理之所必无而样之所恒有者。一丝细本，花且如盘，盈寸之人，马才如豆，甚或草高于屋，树软如绵，只求布置停匀，初不知实增其丑也。

度势

　　次则度势。须于平妥中求抑扬之致，于疏朗中求顾盼之姿，于繁茂中求玲珑，于工整中求活动。务使寸练具千里之观，尺幅有万丈之势，是在分布之得宜，尤在物理之谙练。

剪裁

　　史家叙事，简而能该，名手作图，繁而不杂，剪裁之力也。然而文章尚有映带之法，渲染必有远近之分。绣则不然。如或头绪纠纷，景物稠叠，恐不能绝无淆紊，朗若列眉。必须删而又删，务使厘然各判。即有互相掩映之处，亦必层次井然，方免芜杂耳。

点缀

既加裁汰，固易施工，又恐一览无余，转形枯寂，当于可以穿插之处酌为加增；又或疏密不甚相称，亦须稍为点缀。如护根草、折枝花、蜂蝶禽鸟之类，皆可因其所宜，随意添入。或损之，或益之，总期于得中合度而已。

崇雅

五采章施，原期绚烂，然而亦有雅俗之分。山、龙、华虫、藻、火、宗彝、粉米、黼、黻，纵极华美，自觉古雅可观。今则随意绣一折枝，刺一虫蝶，亦必相当相对，有如刻板印成。甚且颜色乖违，布置颠倒，即令光怪陆离，难免方家齿冷矣。

传神

　　同绣一花也，或则迎风笑露，鲜艳如生；或则日煐霜摧，憔悴欲绝；或则春容大雅，顾盼生姿；或则拳曲拘挛，瑟缩可憎。略举一隅，他可类及。孰工孰拙，不辨而知。而当其累线积丝，则亦同兹辛苦也。曷勿求其形状之逼肖，以冀神韵之兼全也哉？

日月云霞

日须大红，月宜浅白，或用浅黄。原求其相肖，且不致于相淆。所可异者，今人每于其中各绣一字耳。月下景物，配色却宜稍淡，日中不妨极其绚烂，物理然也。

云无定色，尽可五采兼施，惟交换处须由渐而更，或各成一朵，方免判然两截、如斗成之水田衣耳。

凡物皆有一定之色，惟云则可不拘，此针黹中使才之地也。卿云在天，光华纠缦。生当文明之世，黼黻鸿猷，光昭圣治，岂特文人学士珥笔彤庭，甫能扬厉铺张，自诩锦心绣口耶？

霞无可绣，即或绣之，见者亦必呼为云矣。尝见一巨室藏有绣幅，下以湖色绸作江，上以褪红绸作霞，中绣青绿峰峦，以掩其接续之迹，悬之中堂，俨然江天霞彩也。又有满绣之法，由红渐白，由白而蓝，天半朱霞，蔚然在望。

真草隶篆

　　真字宜瘦，挑、趯、点、拂，皆须各具锋芒。如作藏锋，便少疏朗之致。草书点画最简，萦拂处更易见长，惟转折肥瘦，均须留神，否则便失书意。隶书匀整平直，但宜具古秀之致。篆则光圆宛转，本属绣工之所长，第须起讫分明，神完气足而已。

花果草木

学绣必从花卉入手，犹读书之于《学》《庸》，学字之于正楷，吟诗之于五截，习琴之于清商，似易实难，因难见巧。当于花之向背浅深、叶之反正疏密，悉心体认，曲肖其形；又必尽态极妍，辉光流照。昔人绘影绘声之说，究属寓词，惟绘花绘光，实能为众香国中传神写照者，必推绣事为独步。此非写生家所能及其万一也。

色之浅深，积渐而变。有内深而外浅者，牡丹之类是也；有外深而内浅者，莲花之类是也。

瓜蓏之属，可以入画者均可入绣，惟当辨其形色耳。色之斑斓者，以双搓线绣之；若其色由深而浅，则可用长短针，如绣花法矣。

草中以芝兰为首。绣芝如绣云，不妨五色皆备。兰则间于花与草之间，当得其婀娜之致。

　　护根草须与幅中花木相称。或如松鬣，或如秧针，或如苔钱，或如书带。水中萍藻，溪畔荻芦，皆可推波助澜，为全幅增色。

绣树在乎枝、干得势，戒软弱，忌臃肿，不可太光，必须天矫秀劲、凹凸有棱方妙。枝干既成，次及敷叶。松、杉、枫、柳、梧、竹之属，大小皆宜，以其叶有定形也。其他杂木浓阴蔚然者，只宜施之巨幅耳。

禽兽虫鱼

禽则积羽而成，绣则积丝而成，因物肖物，莫妙于此。第当于飞、鸣、食、宿之际，求其生动之情，喙吻、爪距之中，辨其纯驾之性而已。

绣禽绣凤，绣兽绣麟，以极华美之姿又不数见之物，自可悉沿成式，以象文明。至如虎豹彪炳，獐鹿斑斓，马鬣丝纷，牛毛莫辨，大而狮、象，小而鼠、猫，皆有一定之形，惟选样之能精，庶肖形之不谬。

虫类中有蝶，如草中有芝，禽中有鹤，仙品也。罗浮之种，翅如车轮，五色咸备，既无定色，亦无定形，但须得栩栩之致。他如蝇头、蚊脚、蝉翼、蜂须，悉征绝巧文心，宜有毫端画意。

龙与麟、凤同著。沧海朝曦，金碧绚烂，为绣中之巨观。其或鲲击鲤登，亦具升腾之象；朱鳞碧水，相安游泳之天。安在鳞潜，宜知鱼乐。

山水人物

　　作山水如作古文，结构气魄，穿插照应，无法不备，此画家语也。绣事亦何莫不然。青绿、赭墨无一不宜，特少皴法耳。当于凹凸处用笔画定，而分绣之。或下分而中合，或上断而下连，绣成自有一线微痕，如披麻、铁线，较画家尤觉远近分明，峰峦稠叠。

波致轩然，或卧或立，浪花喷溢，玉碎珠飞，海中之水也；澄碧粼粼，縠文如织，则宜于金碧楼台；或曲或伸，萧萧数笔，则宜于寒江野渡。

忆昔年春日，舟过梁溪，斜照满山，岚光成彩。戏用退红绒参以牙色，绣成《遥山一桁》，山椒新绿成林，溪中碧水鳞次，顿觉耳目一新，此亦画家所未到也。

石贵嶙峋，桥宜宛转，屋须轩朗，树必玲珑。切忌模糊，自然明秀。

人物惟须发最难，当将绒线剖成极细之丝，针亦另有一种。肌肤亦然，尤须莹净融洽，绝无针线之迹。耳廓目眶，鼻端口角，均宜各留一线微痕，便觉高低了了。衣褶带履，可以类推。

取材第三

以针为笔，以缣素为纸，以丝绒为朱墨铅黄，取材极约而所用甚广，绣即闺阁中之翰墨也。然欲善其事，先利其器。有如造室既成，人但瞻轮奂之美，不知栋梁榱桷，经度者几何时，锯凿斧斤，磨厉者几何日。而且竹头木屑，皆为有用之材，丹膊垣墉，岂能凭空幻设？总之，苟得其用，则断线零缣，亦收奇效。苟违其用，虽镂金错采，未必美观。择之不厌其精，蓄之当求其备。

绒线

前人多用散绒，后乃剖而为线。武林、吴门、白下皆有之。苏产较细，一线可剖为二，既剖之后，仍可条分缕析也。

综线亦备五色。以圈轮廓，可免不齐之患，惟结子用之。他如界画楼台、人物衣摺、羽翼龙鳞，亦间有用之者。

金银线制于回人，须择其真者乃不变色。以圆、细、匀、净为贵。又有孔雀线，璀璨可爱，翎羽中不可少也。

缎绫

　　刺绣以缎为最，绫次之，绸、绢又其次也。但皆须素地，如有花纹，绣成光采必减。宜择细密光洁者为佳。

纱罗

　　以极细银条纱，用单丝穿成，或则满穿，或留素地，亦觉斐然可观。惟针孔必有出入，难以浑圆，只可聊备一格耳。铺罗则宜用绒，又在穿纱下矣。

针剪

针产于吾松。初不知其妙也，后历燕、豫、齐、梁，用他处所制者，辄不能得心应手，乃知松针之所以妙者，光也，直也，细也，锐也，而尤在铸孔之际，圆而不偏，细而不滞，自尖以上匀圆如一。铸孔处虽稍扁，而两旁皆平，不似他处，几作钉头式也。性亦耐久，用之数月以后，益觉灵滑异常矣。剪则武林为最，以其刃锐而锋铦也。

绷架

　　缎性易卷，绫丝易斜，绷架之设，所以救其弊也。四面用零帛联络绷定，或径用线联，必使极正极平，然后所绣之丝与绫缎之丝皆相匀适，绣成乃能熨帖耳。木质宜轻，斗笋宜灵，下键处宜坚固不动为妙。

粉墨

选样既定，即用墨笔临摹者为上，次则用粉过之。粉须极细，但有形模可辨，即以墨笔盖之。墨笔易细，粉笔较难，肥瘦稍有出入，便觉意失形乖，故用粉须在有无之间，有未惬意处仍可以墨笔正之耳。素缣上有用朱者，法亦与用粉同。

辨色第四

云霞、水土、花木，物物无色不备者，此惟造化能之，而欲以人力强为摹仿，则惟画与绣耳。画家朱、绿、粉、黛，浓淡可以意为，且可合二为一、合三为一，层出不穷。而绣则以染成之丝略分深浅而已，使非因其所宜，斟酌尽善，几何不看朱成碧，而失之毫厘、谬以千里耶！

红

颜色中之极绚烂者，红是也，极贵重者，亦惟红。万绿丛中一点红，能令诸色增丽。亦惟此色先褪，便觉全幅黯淡无神。况学绣必从花卉入手，此色尤宜多备。自大红至极浅之色，几与白相类者，可分作九种。大红可当朱砂，次则可当洋红燕支，又其次则粉红也。由深而浅，由浅而白，亦犹画家之渲染耳。

朱与红有别，今则悉呼为红，故不另判一色矣。

绿

绿与红并重。绣花用绿尤多，以枝叶较繁耳。自油绿以至葱绿，亦可分数种。由深而浅，由浅而白，固已，亦可由浅而黄，不可不知。

黄

　　金黄近于赭，淡黄近于白，韭黄近于绿，亦分数种。惟于素地，色不甚显，须得重色，方能衬出耳。

白

　　白为诸色之过文。由浅而白，复由白而以次渐深，可免判然两截之弊。其色亦类于黄，得重色衬出，更觉奕奕有神。

蓝

蓝即青也。画家以花青与螣黄合为草绿。此则物而不化，第守本色而已。又有全用此色，但分深浅，如画家之以水墨代五色者，可分十余种，亦觉淡雅可观。

黑

　　黑以代墨，惜无浅深。然以之绣字，则不愁"书被催成墨未浓"矣。别有墨绣一种，则又以层次玲珑界限清楚为贵也。

紫

红极而紫，花中亦多用之。然其色微黯而滞，故宜少用为妙。

藕色

藕色或呼为青莲，色极俏丽秀雅，惜易退耳。

赭

赭近于黄，而与黄迥异。山水人物，俱不可少。花木中亦作干用也。

牙色

牙色似赭而浅，稍带微红，或呼肉色。人物肌肤，非此不可。余亦可以间用之。

灰色

灰色可代浅墨，分深浅数色。宜作树本，亦可与浅赭参用也。

酱色

酱色与赭，均可作花蒂。惟与紫相近，其色亦嫌微滞耳。

香色

香色较黄稍深，除人物衣裳带履外，余无专属。于诸色中自成一格，宜酌用之。

湖色

湖色极雅，宜用于浅蓝、浅绿与白过接之处，与水光云色尤近。

月白

　　月白即三蓝之浅者，较湖色稍深，与蓝并用，自见融洽。独用亦复雅淡宜人。

天青

　　天青似深蓝而带微红，可与白参用绣牵牛花。余亦如香色、酱色，酌备一格可也。

金银

　　丝金缕翠，绣工之本色也，处处均可用之。至平金、锁金，则又于三蓝、墨绣之外，别开生面矣。银与金相成，第分深浅而已。

程工第五

箫管具陈，琴瑟在御，同一乐也，克谐与否，有律以限之；弓矢既张，决拾既佽，同一射也，中的与否，有鹄以招之。夫律之既谐，的之既中，工拙辨于人，既事而见者也。而其所以克谐，所以获中，则甘苦喻于己，未事而存者也。卒之轻重疾徐，中正强固，喻于己者，未尝不可以语人。累如贯珠，发必应节，辨于人者，即可以因而律己。刺绣之道，亦由是焉。姑举数端，聊抒管见。

齐

　　刓犀截玉，印泥画沙，皆言齐也。齐则界限分明，齐则精神爽朗，齐则全体浑融。必如快剪剪成，不使一毫出人。否则色色俱精，终难免乱头粗服之诮矣。

光

光与齐相因。丝丝栉比，既不使一毫出入，轮廓自然光粹。然所用绒线，苟非理之极净，则正面必有蒙茸之状，如月华笼雾，宝镜生尘，安得成一段光明锦耶？近有绣成后以微火燎之，如织缎法，又有未绣时将绒用皂仁穿过，均易变色，皆非正本清原之法也。

直

作书宜直，直始能正。刺绣亦宜直，直始能平。平如春水，觉精采之自生；直如朱弦，惟缓急之咸适耳。

匀

不匀则不直，不直则不光，相因之弊也。用墨匀，则字能有血；用绒匀，则绣亦有肌。是在粗细适均，疏密相称而已。

薄

坊绣之易于俗者，以其厚耳，厚则难匀。惟将绒线判成极细之丝，绣成倍觉熨帖，无异彩毫轻染。观之高出纨素之上，扪之则复相平，庶称精妙。

顺

昔人谓文从字顺。字也者，作文之丝也；丝也者，刺绣之字也。一丝不顺，则气脉全乖，精神俱隔。故直则俱直，横则俱横，即使遇有圆折之处，第当以针脚之长短，由渐而转，自然成片。倘有一线斜牵，但求省力，则疏密厚薄，断难悉称，抑且黯然无光矣。此要诀也。

密

　　密与薄似乎相反，而实相成，总在一字之细。细则能薄，亦惟细始能密耳。使剖绒稍粗，则每丝相接之处必微有洼隆，不能融成一片。惟细而密，则虽千丝万缕，无异镜面镕成，纯粹以精。非密，曷克臻此？

论品第六

好尚无一定之规，雅俗有不易之则。绣近于文，可以文品之高下衡之；绣通于画，可以画理之浅深评之。周规折矩，斐然成章，谓之能可也；惨淡经营，匠心独运，谓之巧可也。丰韵天成，机神流动，斯谓之妙；变幻不穷，殆非人力，乃谓之神。披沙拣金，鞭心入芥，无浮采矣；五云丽日，百卉当春，无陋姿矣；特标新颖，化尽町畦，所谓姑射仙人，不食人间烟火者，当于逸品中求之乎？

能

　　象形惟肖，敷采能精，指运目营，不失矩度。有
如作字，则结构严谨，骨肉停匀；有如吟诗，则格局
浑成，对仗稳惬。习之既久，此诣自臻。

巧

穿插有情，接续无迹。或于寸缣之中作叠阁层楼，而不见其溢；或于盈丈之间作疏花片石，而未觉其宽。自然凑合，疑为云锦天衣；想入微茫，何论舆糠舟芥。至如指端成锦、盘中作诗，则又擅奇巧于千古者矣。

妙

　　能巧俱备，丰韵独饶，妙姿也；闲中有味，空际传神，妙趣也；举重若轻，化板为活，妙技也；信手拈来，头头是道，妙境也。

神

凡事都有神化之境。佝偻承蜩，公输刻凤，点睛飞去，斫鼻不伤，艺也，而进于道矣。虽然，妙可言也，神不可言也；妙可几也，神不可几也。姑存一格，以俟其人。

精工

　　纯钩百炼，炉丹九成，精也；鬼工雕毷，春蚕作茧，工也。当于摹仿处见精神，配合处见精采，无非一片精心；于细密中求工致，于纯熟中见工夫，方有十分工巧。伐毛洗髓，玉润珠圆，谓之精工，庶几无愧。

富丽

物之富丽者，莫锦绣若也。然而丹碧烂然，金彩眩曜，非不既富且丽，而所以富丽者，初不在此。试观旧家巨族，虽缟衣素袂，依然充实辉光；嫫母、无盐，即匀颊修眉，难语清扬美倩。是以茶之于白，墨之于黑，人皆知之，犹绣之于富丽也。而求茶之所以能白，墨之所以能黑，是在选茶制墨者矣。

清秀

工夫可以由渐而几，惟浊难奏效；知慧亦因人而具，惟庸不可医。同一石也，或珍如璧，或叱为顽，秀与庸之别耳；同一歌也，或而阳春，或为巴曲，清与浊之分耳。清则具见轻灵，秀则自然生动。

高超

不袭窠臼，别具天机，在人意中，出人意表，是必资性独殊、襟怀潇洒者能之，不可以形迹求也。古人于翰墨，可以觇人情性，惟绣亦然。眉目分明，楚楚有致，必其道理通达者也；一丝不苟，气静神恬，必其赋性贞淑者也；肌理浑融，精神团聚，必其秉气纯和者也。否则蒙头盖面，牵曲支离，即使针神复生，亦未如之何已。相从心生，隐微毕见，又岂特绣之一端而已哉。

雪宧绣谱

叙

自《虞书》言会绣，为绣之肇始。顾孔传离绤绣为二，而郑注训绤为刺，以绤为绣之事。贾氏疏《考工记》，主郑说焉，于义为通。汉时《司空》篇亡，《考工》识周所尚之大数，终以画缋，而致详于会绣之色。是以《诗》人美周公曰绣裳，美秦襄公曰绣裳，甚至六币和诸侯之好，俪琥以绣，亦可见周绣之文于虞矣。

汉唐以来，言绣夥甚，未有能名其家。间有之，若世所称吴赵夫人、唐薛灵芸、卢眉娘者，薛非绣而卢无传法。王嘉《拾遗记》：薛夜来妙于针工，恒处深帷，不用灯烛之光，裁制立成，宫中号为针神。据此则非专言绣。苏鹗《杜阳杂编》：顺宗永贞元年，南海贡奇女卢眉娘，年十四。能于一尺绢上绣《法华经》七卷，字不逾粟粒，而点画分明。日食胡麻二三合。元和中，度以黄冠，放归南海，赐号逍遥。卒仙去，是神异一流。

世近有可说者，则上海顾氏露香园之绣。得其一幅者，往往列诸彝鼎，珍若璆璧。顾其法若何，士大夫所不能知也，虽能绣之女子，亦不必能说。今世觇国者，翘美术为国艺之楚，而绣当其一。

日本之为是者，猎我旧制，会以新法，一冶而百辟，一日而千里，而我绣之钝，等于百工也。

清以宣统元年，开南洋劝业会，骈罗百货，俾厉以磨。由是湘、鲁、江、浙之绣，四面而集。赛长审查，而部以绣工科总教习吴县女士沈寿专审查绣品。

自京师至，张所绣《意大利后像》于会，精绝为世所未有。謇适得露香绣董书大屏，属别真赝，寿展首帧，即曰："此露香园绣也。"问何以知。曰："以针法知之。"

继闻其审查精核持正，不轻假借，为所否者亦翕然，则重其人甚。

明年送一女生于京师，从之学。又明年辛亥，京师绣科罢散。寿旋天津，教绣自给。

謇恐其艺之不果传也，则于南通女师范学校附设绣工，延寿主任，始识其人。间叩所谓针法，纷纭连犿，猝不易晓。

　　未几寿病，病而剧，謇益惧其艺之不传而事之无终也，则借以宅，俾之养病。病稍间，则时时叩所谓法。

寿之言曰："我针法非有所受也，少而学焉，长而习焉，旧法而已。既悟绣以象物，物自有真，当放真。既见欧人铅油之画，本于摄影。影生于光，光有阴阳，当辨阴阳。潜神凝虑，以新意运旧法，渐有得。既又一游日本，观其美术之绣，归益有得。久之久之，遂觉天壤之间，千形万态，但入吾目，无不可入吾针，即无不可入吾绣。"

謇闻其言而善焉，以为一艺事也，而有精微广大之思。而沈寿一女子，于绣得之也。乃属其自绣之始迄于卒，一物一事，一针一法，审思详语，为类别而记之。

日或一二条，或二三日而竟一条。次为程以疏其可传之法，别为题以括其不可传之意。语欲凡女子之易晓也，不务求深；术欲凡学绣之有征也，不敢涉诞。

积数月，而成此谱，且复问，且加审，且易稿。如是者再三，无一字不自謇出，实无一语不自寿出也。

嗟夫！莽莽中国，独阙工艺之书耳。习之无得者不能言，言之无序者不能记，记之或诬或陋或过于文，则不能信与行。一人绝艺，死便休息。而泯焉无传者，岂不以是。伊古以来，凡能成一艺之名，孰不有其独运之深心，与不可磨之精气。而浮沤雪电，瞬息即逝，徒留其存亡疑似之名，而终无以禅其深造自得之法，岂非生人之大憾，而世世所谓至不幸，绣云乎哉！謇为是，辄以是寄古今无涯之悲，宁独以慰寿舒其幽忧，而偿其传授之劳也。寿有独立足以传之之艺，故从金石书妇女特例。书曰吴县沈寿。

卷一 绣备

绣之具

绷

绷制有三：大绷旧用以绣旗袍之边，故谓之边绷；中绷旧用以绣女衣之袖缘，故谓之袖绷；小绷用绣童履女鞋之小件，谓之手绷。绷广以绣地之幅为度，小绷今多不用。大绷有广至丈者，适于大件，不常用。常用者为中绷，故举以为例。中绷横轴，内外各长二尺六寸。轴两端各三寸方，中二尺圆。方端之内，一寸八分，有贯闩之眼。闩，《字汇》："数还切。"音擐。门横栏也。俗读如闪。眼广一寸二分，高外轴居中四分，内轴居中三分。闩之牡笋如眼，其长一尺八寸四分。闩之内端一寸起眼，若小豆，若雁行，距各七分，凡十四眼。

绷布用旧织大布，接绣地之两端，广狭视绣地为度。

绷边竹如粗箸，左右各一，长无定，适中一尺。

绷绳左右各一，白棉纱十匹股为之。

绷钉左右各一，长一寸五六分。

架

绷架三足，外在左右之边为外。二内一。高二尺七寸，内足准外足之中，横距一尺二寸。外足纵当二：下当方，距地一尺；上当圆，距下当一尺三寸，用以悬拭手之巾。横当下一，与纵成丁字形，以属内足。架面纵长二尺一寸，广三寸，厚八分。足纯高二尺六寸二分。此就中人身度言之。若过若不及，架高之度可量为加减。坐同。坐，俗谓凳。高一尺四寸。架不欲高，高则抬臂失平，久之胁掣而酸，至于痛。更不欲低，低则目趋近绷，背必俯，俯则肺气郁，久之内伤而外偻。

剪

剪宜小，宜密锋，宜锐刃。苏杭、北京皆有之。

针

针，古有羊毛针者，最细，宜绣人像之面，久不可得矣。次则苏针。锋尖锐而鼻底钝，不伤手，今亦渐灭矣。用者惟欧针，细不及羊毛针，鼻底利，易伤手，不及苏针也。

卷二　绣引　绣之事

剪线

凡线一绞绞，亦名纷。纷，《仪礼》："将冠者，采衣，纷。"注："纷，结发。"名纷者，殆有结义。如环，大约引长一尺二寸而两之。剪者必于环之两端，使分为二。

劈线

线须匀净，务使根根一样；又须去其类结，勿令起毛。接线之结须极小，方能无不齐之弊。凡线一绞大约三十根，凡一根必两绒。劈时分两绒，而紧捻其端寸许合为一，以入穿孔。又用针于捻紧之寸许间，连穿三四次，穿孔相距约分许，线乃不脱。绣至线尽近寸许时，连用短针两三次，使已绣之线不散，然后剪下其针，接穿后线，此为学绣之初步。若解绣以后，自不待言。

剪针

绣一线至尽，必平卧其针于食指《左传》："子公之食指动。"注："第二指也。"之面，以剪针孔之胜线，庶不伤孔，而针可久用。

渑水

凡一段绣毕之后，未转轴之先，虑线之或毛而不足于致也，须水以滑泽之。薄糊嫌过黏而变线色，清水嫌不黏而烟线色。惟口津宜。取津之法：积平时剪下不适用之线，搓为豆大小团，含舌底，使津润足而用之。须轻须匀须遍，勿过多过重。渑毕候干，然后转轴。渑，《说文》："渍润也。"俗谓吃水。

卷三　针法

齐针

凡学绣者，必先自花卉始。齐之云者，务依墨钩画本之边线，不使针孔有豪发参池出入之迹。平面线务使平匀，匀则不致有疏密，无疏密则平矣。

抢针

《汉书·扬雄传》："角抢题注。"注："抢，犹刺也。"《庄子》："飞，抢榆枋。"注："集也。"并音锵。《字汇补》："抢，此亮切。"吴楚谓帆上风曰抢。今舟人曰掉抢。然则平去之分，音之转耳。义通俗作戗。戗，《说文》："伤也。"义不切。

凡花卉之花叶，花之色或蒂浅而尖深，或尖浅而蒂深；叶之色或正或侧或卷，无不背浅而面深。其由浅而深，分批衔接之处，用此针法。抢者以后针继前针，而渐匀其色；小者如花之新蕾、叶之嫩片，径只分以内，两边皆齐，不须抢针；大者自径二分至寸以外，约距分许，即须用抢针抢之。衔接处分厘，计批必匀，针亦必齐。齐针与抢针，必相因而为用，乃可使花叶之色匀净明致。枝干则抢针之法同。花蕊花须，不必抢针。

抢有正抢、反抢。正则由边而至中，反则由中而至边。旧法用反抢者多，近三十余年，则多用正抢。

凡花瓣复叠、叶片交互、枝茎分歧，其显出之处，绣法谓之水路。水路必须距离一线以分明之，全幅之中，又须匀称，即最大之幅，亦不可过两线。

单套针

套者，先批后批、鳞次相覆、犬牙相错之谓。如第一批由辺起者用齐针，第二批当一批之中下针；而第一批须留一线之隙，以容第二批之针；第三批须接入第一批一厘许，而留第四批容针之隙；第四批又接入第二批厘许，后即依此而推。但自第二批后，针不必齐，须使长短参差，以藏针迹，而和线色，至边尽处仍用齐针，仍留水路。

双套针

双套者，仍单套之法，而以第四批接入第一批。例如第三批接入第一批，当第一批二分之一，第四批接入，则当第一批三分之一。

单套针长，线色难于圆转和顺，用针较易，用线较粗；双套则针短，线色易于圆转，易于和顺，用针较密，用线较细。

单套性宜于普通绣品之花卉，若翎毛则虽普通绣品，亦宜双套。寻常绣工，翎毛亦有用单套者，此非余之绣法。单套遇转折处针长，迹易露而色泽薄；双套遇转折处针短，故不露针迹，而色泽自觉腴厚。凡转折愈多者，用针愈短，花卉、翎毛皆有之。若于大干直枝，则用针不妨略长。

鸟兽翅尾，普通品亦用套针。

扎针

此为进于花卉而绣翎毛者用之，且惟宜于鸟脚之全部。扎犹扎物之扎。绣鸟脚者，先用直针，后用横针于直针之上，如扎物也。扎则可象鸟脚之纹，亦名仿真。专就鸟脚言，扎针之上，尚宜用短直针，以象脚胫之努。鸟之正面立者，努当脚之中；面左者努左；面右者努右，尤宜注意于栖枝立地、搏斗攫物拳爪之姿势。其拳爪作势用力转折之处，须用短针，乃能仿真。脚上股毛，因其与脚相接，须用长短施针，线须色浅而捻紧。

又宜扎针者，惟鹤、鹭、鹰、鸡、鸦、鹊之类。翡翠、瓦雀、芙蓉、十姊妹，文弱鸟类，则不必扎针。

铺针

　　如绣凤凰、孔雀、仙鹤、鸳鸯、锦鸡、文鱼类之背部，先用铺针。铺者准背部之边，用长直针。或仅正面，或兼反面，刺线使满，如平铺然，故谓铺针。须粗线仅正面者，大率普通品，精品则必兼反面。若腹则普通品用双套针，精品则双套针之面更加施针。双套色浅，施针色深。

刻鳞针

如绣有鳞之物，或蝶头腹，依墨钩鳞界，先用线鳞次钩勒为边，然后骑边用短扎针细线，以象羽端，而内露铺针之地，使线色分明而腴厚。如背易绿，则铺针用深色之绿，而骑边用浅绿。鳞文则近颈处须细，渐下可渐展大。因其鳞次而用针以刻画之也，故谓刻鳞。

鳞法有三，如上说不论背部大小皆用之，此绣初等品所宜。

若中等品须抢鳞。抢鳞者不用铺针，依墨钩鳞匡，近匡边处用抢针。用淡色线绣其半，次于其里用深色。匡外与第二鳞接处，其间须留出水路。水路之面，用尤浅之色紧捻，使极匀细，以施针法盖于其上，_{施针法见后}。此所谓抢鳞也。

精品则有二：一叠鳞。叠鳞不留水路而鳞加密，用套针法绣之，色亦边浅而里深。一施鳞。先以套针，用多色线分阴阳面以绣地，后以施针分鳞，使鳞在隐现之间，以取生动之致。盖初等用线铺针一色，刻鳞一色，凡二色；中等则抢针，一浅一深两色，施针一色，凡三色。叠鳞小至半分者，套针二色；大自一分至三分者，套针可加至四五色。

鸟目之眶，须用拟针。拟针法见后。翅用套针，普通品单套，精品双套。翅之面色宜深，翅之里色宜浅。肩亦套针。惟肩棱显露处，须用捻紧全根线拟针，上盖套针，色随鸟异。腋则普通品亦套针，精品则须于套针之上加施针，施针须长短兼用；套针线色浅，施针须稍深，以象氄《书》："鸟兽氄毛。"传："鸟兽皆生软毳细毛以自温。"正义："谓附肉细毛。"音义："氄，马云如勇反，徐又如充反。"即《玉篇》"毵"。而生动。有帻之鸟亦套针，帻边分许用长短施针，随鸟类而别，须深浅三四色，施针所用之色宜最浅。

肉入针

惟花卉木石宜之。肉入者，普通品以细白棉线一层，先用铺针绷以为地，其上用长短针，与地之线文一纵一横，不可上下同势。花叶枝干，同以棉线衬丝线之里而厚之如肉，故谓肉入。初等普通花叶枝干皆一层；中等品分阴阳面者，阴一层，阳二层；精品阴一层，阳二层至三层，若因阳面光盛，亦可至四层。树石之大者，亦可入棉絮为肉，随意用针以网之，疏若网然。肉之厚薄，阳厚而阴薄，薄至称地。揉絮时先须注意，上加铺针，盖以长短针，如前。

若绣大幅，树干之大，至径三四寸，石之高至一二尺，阴阳光度，相去甚远，阴面极深处，亦可不用肉入针，而用长短针。

打子针

亦旧针法之一，今惟花心用之。其法用十一号或十号之针，全根之线。针出地面后，随以针芒绕线一道为细孔，即靠孔边下针以固之。孔即子也；固而不动，即打也。打，犹钉也。丁定切。音矴。《增韵》："以钉钉物也。"线须捻匀，针之上下指力亦须匀。力不匀则重者子大，轻者子小，或且肥瘦，此犹初等普通品。中等以上，即用十二号针、分劈之线，余法皆同。若绣全体之花卉、翎毛、石木，用此针者，先从墨钩边匡打起，依次而里。子须匀密，不可露地。

羼针

即长短针。因其长短参错互用，故谓羼针。羼，《说文》："羊相厕也。"从羴在屋下。尸，屋也。

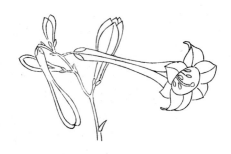

接针

与拈针相近。但拈针以第二针紧逼第一针之中，而接针则第二针紧接第一针尾之中。针迹须匀，不可长短参差。

绣行草书，转折处，宜用此针；点画及铺豪处，用套针。

绕针

俗名拉梭子针。针法用大、细二针。大针九号至十一号，细针十二号。大针之线，有粗有细，视绣件之大小为准。用九号针者，用普通丝线，十一号针则用全根花线紧捻之。其绣法先以大针引全线出地面后，此针随时移插，不复上下。细针自下而上至半时，引粗线绕针为细孔，随下针于孔中以固之，复上为第二孔。其回转之针，仍须第一孔之原眼，第三孔仍第二孔之原眼，以后类推。必从原眼者，取其易于匀整也。法与打子针小同而大异。

刺针

刺绣之刺。音七赐切。《唐韵》:"以针黹物曰刺。"是也。此当依《唐韵》七迹切。音磧。

针与针相连而刺,第二针仍须第一针之原眼。针迹须细如鱼子,俗谓一芝麻三针乃为上品。

以上十三则,为普通针法。

拙针

《博雅》:"拙,刺也。"扬子《方言》:"凡相推搏曰拙。"

用处颇多,举其例:如花叶之茎、虫豸之须、人之粗发、衣之细摺,及空云、平水用之。拙者,针针相逼而紧之谓。第二针须当第一针之中,紧逼其线而藏针于线下。第三针接第一针之尾,第四针接第二针之尾,使绣成如一笔写,而不露针迹为上。

拟针所宜之线，绣物粗者线可用全根，精者一根可劈为二，此为线身细者言之。如撽线类。俗以其绞之环犹撽指，故省言撽。撽，古名鞢。鞢，射决也。吴人亦名杭州花线。若线身较粗，一根亦可劈至三、四不等。

施针

施者，加于他针上之谓。《礼·祭统》："施于蒸彝鼎。"注："施，犹着也。"《孟子》："令闻广誉施于身。"其针法疏而不密，歧而不并，活而不滞，参差而不必齐。适于翎毛走兽者十之七八，适于云水石坡者十之二三。

翎毛走兽之精者，施一层于套针之上；益精则施针为地，而重复加之可至于四、五、六，惟第二层与初地线须相让，不可复沓。至于四、五、六亦如之，使层层不相掩。线色则于一类之中地最淡，以次而施深。阳面光露用色少，阴面光露用色深，以最淡为地，所以留支配阴阳面之次序。阴面色最深者，其地亦可较阳面之地深一色。而于阴阳面衔接之处，须用长短针，色须和顺，不可露界画之迹。其转折处用短针，以取圆活之致。至翎毛走兽之蹄爪，则用齐针而不用施针。用施针时，须使针如笔。

适于施针之用者最活，例如一正面之虎，额直施，颧斜施，辅横施，额又直施，法略如旋针。旋针法见后。项背、肩腹及横纹均斜施，股脚则合抱而施。若侧视或后视之虎，其施法又随势而异。因章法为之，不能尽举也。

旋针

回旋其针也。如绣一拳曲之树木、蜿蜒之龙蛇、漩激之波浪，针与之为拳曲、蜿蜒、漩激，皆宜短针。阴阳面、深浅法，与施针同。

散整针

其针法兼施针、套针、接针、长短针而有之。如绣云烟，浓处用套针细线，即整针也。淡处用接针、长短施针，极淡处用稀针，尤细之线，即散针也。

虚实针

　　其法之异于散整者：散整实而不虚，此则虚实并用，而以实形虚。例如绣铅画之人面、笔画之山水：人面按光线阴阳之部位用旋针及纵横参错之短针，针眼不可复，针迹不可露，所以必用纵横参错之短针者，仿铅笔之画法为之。印堂、颔下、耳孔、口角皆光之阴面，皆宜纵横参错之实针，使线光隐而阴面著，不至变易观者之视线；颠、额、睂、张衡《西京赋》："睂藐流盻。"注："睂，眉睫之间。"睛、《玉篇》："目珠子也。"颧、辅、䫒、䫄，同额。《说文》："鼻茎也。"䫏、《篇海》："鼻垂貌。"音颠。犹鼻端也。《千金方》引古医书谓之素窌。聅、《玉篇》："聅，音郭。"盖耳边部。睡、耳垂。《五音类聚》："音朵。"唇、颏、颔皆光之阳面，宜短针、稀针而渐至于虚，以显阳光之盛而著也。故绣愈稀，线愈细，色愈淡。由稀而细，而淡，而至于无，使与地等，所谓虚也。露香园之绣人面，皆套针。彼时泰西有影之书已有入中国者，未以入绣，亦时代为之。

山水顺画之笔意为之。例如荷叶皴之山水、斧劈之石、平远之水，皆着墨处，用密针深色。不着墨处，用虚针淡色，法与上同。惟针随笔顺，不可横斜，与人面有别耳。

以上十八则，针法大要备矣，而尤有须变化其用针之法者，例如绣狮形之猫犬、风中之栖鸟、平地之丝毛鸡，其毛柔细而蓬松者，宜相画稿之势：肤露者用套针，氄用散针、羼针，外毛用旋针，豪老子《道德经》："合抱之木，生于豪末。"《广韵》："长锐毛也。"俗谓枪毛，言犹枪然。用施针。其地之小，分寸而已。

卷四　绣要

审势

势即章法也。章法之本在画，画之本在就幅之横竖大小方圆，以为繁简疏密之准，故宜先审画稿之部位与姿态。部位则远近高下，有大小浓淡之分焉；姿态则动静正侧，有起伏详略之分焉，其最要在有比例。比例无花卉、鱼虫、翎毛、走兽、人物、山水之分，夫以横竖、大小、方圆为繁简稀密之准者，工作之轻重、时间之多少亦系焉，此言普通之品也。若尺幅之中，而绣山水、宫殿、人物、树木、花鸟，务求繁缛，不惜工作之时间者，则又不在此例。

配色

《周礼·考工》："青与赤谓之文，赤与白谓之章，白与黑谓之黼，黑与青谓之黻，五采备谓之绣，又杂四时五色之位以章谓之巧。"皆言配色也。

今所用之色大别七，为红、黄、青、绿、紫、黑、白。析之则每色之中深、浅、浓、淡各有十余色至二十余色之多。又析之则每色之极淡者，皆可与白相接，虽百数十色不能尽也。

初学则只须注意于灿烂鲜明，大约七色已足应用；中等品以上，则以渐加多，视所绣物之真状，时时换针以合其色。

例如花卉中之桃花，茎宜赭，叶宜绿，花宜红，蕊宜深红。普通品，每色之中深浅三四色，花叶边浅而中深，茎直处淡而曲处深，用单套针、戗针均可。精品则茎叶可至五六色，花可至十余色，花色无定，花瓣正面浅而反面深，叶则反面淡而正面深。老叶用墨绿色，中叶用俏绿色，嫩叶则俏绿、中红合穿一针，焦叶用深绿、深赭合穿一针，枯叶则全用深赭。茎尖用深绿、中赭合穿一针，茎本淡赭、中赭、深赭合穿一针，用单套针、齐针，线墨、灰二色，故此犹大略也。

若仿真之绣，则桃花又有所谓"翻瓣"，瓣瓣不同。一瓣之中，上、下、左、右、中犹分二三色，须双套针以和之；叶茎嫩者深红色，中者深绿色，老者墨绿较深之色，焦者深赭，用拗针以显之。线花宜最细，叶较粗，茎较尤粗，若大幅虽全根亦可。蒂枣红色、灰色合穿一针，齐针以和之；须淡密色，接针；蕊子中黄色，打子针。此举桃花以为起例耳。

他种花之仿真者，视画稿，尤须参观真花，以为配色老、嫩、深、浅、浓、淡之准，而其中又有分焉：以画稿为主者，依画稿之色配线；以真花为主者，依真花之色配线。例如水墨画之花卉、翎毛、走兽、人物、山水，只有用水墨线，仿真则须称其天然之色而配之也。而色之大忌，则断断不可用矿质染线。俗谓洋色。

以上为美术绣言之。若普通品之用全三蓝者，由三四色至十余色，于蓝之中分深、浅、浓、淡之差，可与和者惟黑白二色，绣之粗者，但三四色，用齐针已足。渐精则色渐多，须用齐针、单套针二法。明文震亨《长物志》："宋绣设色精妙，山水分远近之趣，楼阁得深邃之法，人物具瞻眺生动之情，花鸟极绰约嘤唼之态。"其体即在于色分深浅，如画之烘托。

附线色类目表。

正色

青之别	染色别	青之类别	染色别
青老青，《说文》:"东方色。"	十五色	老菜青	五色
		老黢青	五色
		老墨青	五色
		老桃青	五色
		老石青	五色
		老杭月青	五色
		天青	二色
		并蓝并，《说文》:"相从也。"《广韵》:"合也。"《玉篇》:"兼也，同也。"俗加木旁作"栟"，又讹作"品"。	十五色
		并菜青	五色
		并黢青	五色
		并墨青	五色
		并桃青	五色
		并杭月青	五色
		并石青	七色
		凡九十四色	

黄之别	染色别	黄之类别	染色别
黄金黄，《说文》："中央色也。"按，即今缐肆所称。犹称老红、老青。黄之正色。	二色	杏黄	二色
		明黄	二色
		粉黄	七色
		以上三色，黄之淡者。	
		鹅黄	七色
		姜黄	七色
		藤黄	七色
		以上三色，黄之深者。	
		老缃缃，俗书作"湘"，亦作"香"。	十五色
		秋缃	十五色
		墨缃	七色
		银缃	七色
		泥金	七色
		古铜	五色
		蜜色	十一色
		水蜜	三色
		凡一百四色	

赤之别	染色别	赤之类别	染色别
赤老红,《易》："乾为大赤,南方色。"《玉篇》："朱色也。"《说文》："朱,赤心木,松柏之属。"红。《说文》："帛赤白色。"《论语》疏："红,南方间色。"赤红显别,俗并为一。今所称老红者,赤也。	十色	大红赤色鲜明者。	十五色
		木红赤色之深者。	十色
		血牙	十一色
		黄血牙	七色
		牙绯	三色
		墨血牙	七色
		洋红欧洲矿质所染之红。	十五色
		并红	十色
		凡八十八色	

黑之别	染色别	黑之类别	染色别
黑市玄,《说文》:"北方色也。"	一色	元青	一色
		铁青	三色
		凡五色	
白之别	染色别		
雪白《说文》:"西方色也。"	一色	凡一色	

间色

绿之别	染色别	绿之类别	染色别
老地绿	十五色	湖绿	十一色
老葵绿	十五色	湖色	十一色
老青豆绿	十五色	水湖	五色
老黢绿	十色		
老墨绿	二色		
老油绿	三色		
老水绿	三色		
老兰花绿	十五色		
并葵绿	十五色		
并地绿	十五色		
并青豆绿	十五色		
并水绿	三色		
并黢绿	十色		
并兰花绿	十五色		
并油绿	三色	凡一百八十一色	

赭之别	染色别	赭之类别	染色别
老赭石	十五色	墨赭石	九色
黄赭石	九色	银赭石	九色
水赭石	九色	青赭石	九色
		菜赭色	九色
		并赭石	九色
		凡七十八色	

紫之别	染色别	紫之类别	染色别
雪紫	七色	紫绛 绛,《说文》："大赤也。"《急就篇》："绛,古谓之纁。"《尔雅·释器》："三染谓之纁。"《考工记·钟氏》："三入为纁。"俗名绛色,今正之。	五色
青豆紫	十五色		
红豆紫	十五色		
黛紫	七色	墨绛	五色
并紫	十五色	红绛	五色
		福色《啸亭杂录》："清乾隆朝贝子福康安,喜衣此色,故名。"	五色
		凡七十九色	

黟之别	染色别	黟之类别	染色别
老黟俗作灰。	十五色	青黟	七色
		水黟	七色
		银黟	七色
		桃黟	七色
		菜黟	七色
		墨黟	七色
		木黟	九色
		并黟	七色
		凡七十三色	
葱之别	染色别		
葱白俗作次白。	一色	凡一色	

右凡为色八十有八，其因染而别者，凡七百四十有五。业染者云："色随人而变，亦随天气燥湿、技手巧拙而变，往往有以昨日所得之色，试之今日而变，以今日所得之色，试之明日而又变者。变不可得而穷，色不易名而纪，夥颐哉。"如所言虽累千色可也。古名青赤为䌳，为緅，赤黑为綦，赤黄为缊，为缥，为䊀，音先。丹黄为缇，黄白为䌄，音天。黄黑为䌟，音湍。苍青为绀，淡黄为䌌，音鹊。青黑为䌷，音净。赤青为䌢，不知今何名也。又绀谓青赤，又谓苍青，绛谓大赤，而缥又谓浅绛，不知今何色也。南北之名殊，古今之工异，非博通训诂而熟精染工者，殆无以正其名而定其色。今第据得于市所恒名者，析其类，标其大略而已。

求光

　　光之大者日月，细者灯火。面光者阳，背光者阴。阳则明，阴则晦，无山水、人物、走兽、翎毛、花卉一也，推之宫室、器具犹一也。画之分阴阳，惟镜摄、铅画、油画则然，中国画或不尽然，绣则不可不兼明此理。

求光之法，如光在物之左，则左明而右晦；在右，则右明而左晦；在上，则上明而下晦。若水之光，乃在下。所谓左、右、上、下者，面也，背也；面背之间有侧焉，则光亦在明晦之间。水之激而泻者，受光多则明；回而漩者，受光少则晦。平水远则明，近则晦；物之影于水者，近水则晦，远则明。其明晦皆变其本物之色，惟灯火之影，于水则本色仍在焉。雪之光视风：向东则雪盛于东，光亦盛于东；向西亦然，为其光之混同而一色也，故雪之光较简。

若地小而光多者，无过于人面，额也，颧也，鼻也，辅也，耳也，中眇也，_{眉睫之间}。皆阳也。非是，皆阴也。如何而得阴阳之分数，则以画稿若干分之面，度若干分之光以求之。而绣之求合于光，在用线配色。面光者色浅，背光者色深，侧者酌深浅之中以取和。

水中之光影，无论主画稿，主仿真，于大别七色之中，各析其深浅浓淡多数之色，以合光之明晦，惟水中之光影，纯用墨灰色。人面则铅画用白以取明，用墨灰以取晦。油画人面，则须视老少颜色之不同，准其色以月线，不能拘一格，他物又异是。大凡临时之求光，在平时之体物，虽一小草一细石，无物不有光，即无在不当体会其光之向背。总之，光则阳明阴晦，色则明浅暗深，二义概之。而由浅而深，由明而晦，必求其渐而和一法概之。斯其大要矣。

肖神

书有精神也，画有精神也，惟绣亦然。花卉之于风、日、雨、露、雪、霜，有其向背、偃仰、正侧之精神焉。

鸟兽之于飞、走、栖、食、群、独，有其顾眄、喜怒、舒敛、狞善之精神焉。

人物之圣哲、仙佛、文武、野逸、士女，有其庄严、慈善、安雅、雄杰、闲适、流美，或老、或少、或坐、或立、或倚、或卧之精神焉。

山水以画家派别意象为精神，字以笔势锋锷为精神。例如：花卉于阴阳浓淡之中，相画稿之势，加一二针以麻其色，则精神见矣。

鸟兽于目睛、颈项、胫爪之处，相画稿之势，加一二针以表其意，则精神见矣。人物、山水、字，类此可推。

若镜摄之像，则肖神尤宜注意，往往有针法线色无有缪戾，而视之不逮所摄之影，加一二针于阴阳浓淡之间，而精神即显者。晋顾恺之之图《裴楷象》，颊上加毛，神明殊胜，即是意也。

妙用

色有定也，色之用无定。针往有定也，针法之用无定。有定故常，无定故不可有常，微有常弗精，微无常弗妙，以有常求无常在勤，以无常运有常在悟。

昔之绣花卉无阴阳，绣山水亦无阴阳，常有一枝之花而数异其色。一段之山，一本之树，而歧出其色者，藉堆垛为灿烂焉耳，固不可以绣有笔法之画，与天然之景物，山水花卉皆是。余憾焉。固不敢不循画理，不敢不师真形。虽谓自余始，不敢辞也。

言乎色，若余绣《耶稣像》，稿本油画；绣《意大利皇后像》，稿本铅画，皆本于摄影。影因光异，光因色异，执一色以貌之而不肖，潜心默会，乃合二三色穿于一针，肖焉。旋悟虽七色可合而和也，分析之虽百数十色亦可合而和也，故曰："色之用无定也。"

余之于针法也，旋针昔所无，余由散针、接针之法悟入而变化之。散针则于绣《九龙图》时，观空际油油之云容体会而得之，而变化于蒙茸之毛发，翩反之花叶亦用之。虚针、肉入针则游日本时参观而得之。肉入为日名词，中国昔惟龙睛用焉，日本亦用以绣他物。虚针则中国所无，而日人独能之。余亦非由日本绣师之指授也，询其名，悟其法焉耳。此余针法之所由来也。

其施于用，则昔之绣鸟兽用套针，翎翮乃用施针，其失也光而钝，齐而板，后因仿真变化之，加施针于套针之上，而后毛羽有森竦活泼之致矣。绣貂冠、貂裘、毛领巾之类，则施针、旋针为必用，他针法亦随所宜而用之。绣摄影像亦无定针也，惟像所必肖处而异焉，亦自余始也，故曰："针法之用无定也。"范宽画师造化，岳武穆兵法运用在心，谁谓绣不当如是耶。

缋性

　　绣，小技也，有儒者致曲之诚；女红也，有君子研几之学焉。其引端在缋性。

　　缋性从审画笔法、体物形态始。绣一切花卉、鸟兽、人物、山水之有阴阳面者，若何而浓，若何而淡，若何而高与远，若何而下与近，若何而动静不同，若何而正侧忽变，若何而势便，若何而情得，非缋其性不能。

而于镜摄及铅画、油画之见在人像，于人像之口角、眼角、须发，则尤宜加缜焉。

于铅画像之线，不可使断，线终而续之，线必藏于已绣之线中，而不可使露，致为像累，尤宜加缜焉，是皆余之所经验也。

余往者尝求肖所绣之像，而欲得其神，费数十分或数十刻之时间，反覆审视而忽有得，及其既得，则只着一二针，一呼吸之顷耳，性之不可不缜如此。

言其用，则绣须发之线，较须发为细，细则易断，知其易断，则落针须轻，起针更须轻。起针时之小指尖用以撇线者撇，与《绣引》中之劈不同，劈取匀整，撇取轻灵，亦谓豁线。亦须轻，此皆非缜性不可者。

况审势也，配色也，求光也，肖神也，妙用也，无一而不须缜性，而缜性非第耐性之谓。耐性，静象也。缜性则静中有动，动中有静焉。观人之绣者，观其针迹之匀净与否，而测其性之安静与否者，十辄得七八。则夫绣之须缜其性，岂非要务哉。

卷五　绣品

脚无论申诎也，须并。肩无论上下也，须称。背欲其坐之勿伤生也，须不过其高低；口欲其气之勿濡地也，须适当其远近。是之谓绣品。

卷六　绣德

剪近身而左其向，虑纥线而不便于用也。纸隔腕而面必光，虑或生毛而不足于洁也。备线不乱序于簿，俗谓线书，亦谓线本。而类之以色，以待取用，所以别也。余线不弃留之针，捻而结之若环，以为后用，所以节也。取渑水之津如取露，口必漱而龋其秽也。实习用之针如宝玉，指以娴而免于涩也。《龙辅女红余志》："许允归阮氏有古针，一生用之不坏。"是之谓绣德。

卷七　绣节

余自笄龄，昼夜有作。尝过夜分，炷灯代烛。及于为妇，未懈而续，中馈之余，晷催漏促，坐是致疾，伤带任督。今我权之，二时而足，或起或行，稍间而复。是谓绣节。致余忠告。

卷八　绣通

绣于美术连及书画。《考工记》："画缋之事。"贾疏："凡绣亦须画，乃刺之，故画绣二工共职。"书则篆隶体方，行草笔圆，故绣圆难而方易。画则水墨意简，青绿构繁，故绣繁难而简易。忽为易，则易者荒而难矣。慎为难，则难者进而易矣。余于书画，茫无途径，间从通人，略闻明训。但一息之尚存，犹沟通而求进也。是谓绣通。余且自徽。

图书在版编目(CIP)数据

绿窗红袖/(宋)范成大等撰. —北京:中华书局,2020.12
ISBN 978-7-101-14920-3

Ⅰ.绿… Ⅱ.范… Ⅲ.古籍-汇编-中国 Ⅳ.Z422

中国版本图书馆 CIP 数据核字(2020)第 228555 号

书　　名	绿窗红袖(全四册)
撰　　者	〔宋〕范成大 等
责任编辑	张　敏　刘树林
出版发行	中华书局
	(北京市丰台区太平桥西里 38 号　100073)
	http://www.zhbc.com.cn
	E-mail:zhbc@zhbc.com.cn
印　　刷	北京瑞古冠中印刷厂
版　　次	2020 年 12 月北京第 1 版
	2020 年 12 月北京第 1 次印刷
规　　格	开本/850×1092 毫米　1/32
	印张 23　插页 8　字数 200 千字
印　　数	1-10000 册
国际书号	ISBN 978-7-101-14920-3
定　　价	78.00 元